儺面
나
면

COMPLETE COLLECTION OF GUIZHOU'S FOLK AND TRADITIONAL FINE ARTS
NUO MASK

중국귀주민족민간미술전집
나면 儺面

초판인쇄 2016년 5월 12일
초판발행 2016년 5월 12일

엮은이 고박광
옮긴이 중국문물전문번역팀
펴낸이 채종준
기 획 박능원
편 집 이정수
디자인 조은아
마케팅 황영주

펴낸곳 한국학술정보(주)
주소 경기도 파주시 회동길 230 (문발동)
전화 031 908 3181(대표)
팩스 031 908 3189
홈페이지 http://ebook.kstudy.com
E-mail 출판사업부 publish@kstudy.com
등록 제일산-115호 2000. 6. 19

ISBN 978-89-268-7161-4 94910
       978-89-268-7074-7 (전 6권)

儺面

나면

중국귀주민족민간미술전집

고박광 顧朴光 엮음
중국문물전문번역팀 옮김

머리말

중국은 공예미술이 매우 발달한 나라이다. 그중에서도 중국 민간공예미술이 특히 발달한 곳은 귀주(貴州)라고 할 수 있다. 이 점에 대해서는 모두 의견일치를 보고 있다.

중국 공예미술은 반드시 계승되고 보존되어야 하지만, 역사적으로 매우 힘들게 생겨나고 유지조차도 어려웠다. 태생부터 운명이 평탄치 않았으나, 사회의 낙후로 인해 오히려 공예미술이 더욱 발전할 수 있는 계기가 마련되었다.

낙후란 경제적으로는 빈곤한 것을 말하고, 지리적으로는 오지를 나타낸다. 그리고 사회적으로는 상대에게 냉대나 핍박당하는 것을 말한다. 민간공예장인은 이 점에 대해서 결코 좋은 것은 아니라고 말하지만, 우리는 인정할 수밖에 없다. 낙후로 인해 민간공예미술이 자연적으로 생겨날 수 있는 환경이 조성되었기 때문이다.

중국에서 봉건사회는 계속해서 성장했을 뿐만 아니라 상당한 발전을 이룩하였다. 하지만 이러한 사회의 가장 불합리한 점은 좋고 훌륭한 것(예술을 포함한)은 항상 소수의 실권자가 우선으로 누린다는 것이다. 일반 대중이 이런 봉건사회의 불공정한 점을 개선하려고 한다면, 자신이 좋다고 생각되는 것을 직접 만들어서 스스로 누리는 방법밖에 없었다. 민간예술은 바로 이러한 봉건제도에 대한 반항심에서 생겨난 것이다. 일반대중은 훌륭한 예술품을 직접 만들어서 하층민들끼리 서로 전하여 민간공예미술을 확산시켰다. 황제는 황제의 것이 있듯이, 일반대중은 그들만의 것을 새롭게 창조한 것이다. 이것은 평민의 예술적 권리를 쟁취하기 위한 사회적 구현이라고 할 수 있다.

여러 세대를 지나는 동안 사람들은 훌륭한 조형(造型), 문양(紋樣), 색채구성을 최종적으로 만들어 냈다. 대대로 전해지는 것 중에서 고정된 패턴과는 다른 자수, 도화(挑花, 십자수), 도예, 목조, 칠기, 전지(剪紙)는 실제로 매우 진귀한 공예유산이라고 할 수 있다. 돌이켜 생각해 보면, 민간공예는 돌연 어느 한 시대에 이르러 중단되고 유실되었다. 바로 봉건사회가 종식되었을 때이다. 이 얼마나 애석하고 비통한 일인가! 정보의 보급과 교통의 발달은 다른 지역 사람들에게도 예술을 함께 누릴 기회와 권리를 제공하였지만, 지역주민이 즐길 만한 것은 존재하지 않았다. 이러한 상황은 환영할 일이지만, 동시에 우려할 만한 일이라고 할 수도 있다. 왜냐하면, 민간예술의 생태환경이 변해버려서, 사람들에게 홀대를 당하기 쉽기 때문이다. 일반적으로 사람들은 더 좋은 생활용품이 생기면, 예전 민간공예품은 홀대하게 된다. 하지만 나중에 그것의 소중함을 알아차리게 된다 해도 그때는 이미 사라지고 없을 것이다. 우리는 이러한 문제를 제대로 인식하여 현재 남아있는 민간공예를 잘 보존하고 계승해야 마땅하다.

귀주인민출판사가 바로 이러한 민간공예의 보존과 계승을 위해 앞장서고 있다.

귀주의 생태환경은 앞서 말한 민간공예미술의 생태환경과 흡사하여 다른 지역에 비해 상대적으로 민간공예가 잘 보존되어 있다. 수많은 선진 문명은 더욱 선진화된 문명에 의해 배척당하고 대체되어 결국에는 쇠락의 길로 접어들게 된다. 이러한 문화현상은 지도상에 나타나는 변두리 지역과 낙후된 지역으로 점차 이전해 가고 있다. 상 · 주대(商 · 周代)의 청동공예는 한때 인류문명의 찬란한 문화유산으로 자리 잡은 적이 있었다. 하지만 사회가 발전하게 되자, 당시 주류를 이루었던 이 공예미술은 점차 사라지게 되었다. 역사적으로 이와 유사한 수많은 공예미술이 있었지만, 모두 한때 잠시 유행하고는 사라지고 말았다. 하지만 이러한 현상을 달리 생각해 보면 장점으로도 볼 수 있다. 어떤 문명은 흥성했던 지역에서 외곽 지역으로 옮겨 가면서, 문명의 재생과 부흥의 기회를 얻게 되었다. 앞서 말한 상 · 주의 청동공예도 중원(中原) 지역에서 쇠퇴한 후에, 운남(雲南) 지역으로 옮겨가서 새로운 바람을 불러일으켰다. 이것으로 인해 청동공예는 운남문화의 중요한 성과 중 하나가 되기도 하였다. 현재 중국의 변두리 지역에는 수많은 고대문명의 유산이 잘 보존되고 있다. 주류 공예 문화가 민간공예 문화로 변하는 것은 결코 나쁜 것이 아니다. 단지 지리적 위치를 바꾸고 변화시켜 계속해서 계승하고 보존하기 위함이다. 민간공예를 연구하는 학자들은 이 모든 것들을 소홀히 해서는 안 될 것이다.

귀주에는 상당히 많은 중국 고대문명이 보존되어 있다. 원시 건축공예, 한대(漢代)의 도기제조공예, 당대(唐代)의 납힐(蠟纈)공예, 송대(宋代)의 조각공예, 청대(清代)의 복식(服飾)공예 등이 있다. 또한 희곡(戲曲. 중국 전통극)의 활화석(活化石)이라고 불리는 가면공예도 귀주에 여전히 남아있다. 하지만 왜 이런 공예미술의 발원지는 현재 모두 종적을 찾아보기가 어려운 것인가? 이런 점에서 볼 때, 귀주에 중국 공예미술의 천연 생태환경이 잘 보존되어 있다는 것은 자랑할 만한 일이며 이제는 우리가 선택해야 할 때이다. 이런 전통이나 민간공예가 정말 우리에게 필요한 것인가? 만약 필요하다면 우리는 마땅히 이것을 보존해야 하고, 필요가 없다면 사라지든 말든 그냥 내버려 두면 된다. 이 질문에 대해 식견과 책임감이 있는 사람이라면 당연히 보존해야 한다고 답할 것이다.

보존의 첫 단계는 바로 민간공예의 미(美)를 널리 알려 모두의 관심을 불러일으키는 것이다. 귀주인민출판사는 먼저 이 일에 착수하였다. 이것은 대형예술 프로젝트이므로 진행하는 사람의 책임감, 안목, 경험이 있어야만 실현가능한 일이다. 설령 재정적으로 지원이 된다 해도 식견과 열정 없이는 불가능한 일이 될 것이다.

귀주는 산지가 많고 민족구성이 비교적 복잡한 지역이다. 그러한 이유로 이곳에서 중국 민간공예의 보존과 연구가 활발하게 진행되고 있다. 또한, 귀주는 항상 선봉의 역할을 하는 도시이기 때문에 앞장서서 민간공예를 보존하고 계승해 왔다. 귀주가 민간공예의 보존을 추진하지 않으면 역사적으로는 양심의 가책을 받을 것이고, 민족적으로는 부담감을 느끼게 될 것이다. 하지만 앞으로도 지속적으로 민간공예의 보존을 추진한다면 중국문화 영령(英靈)으로부터 무한한 격찬을 받을 것이다. 우리는 먼저 이런 마음을 표현하여야 한다.

2천여 점에 이르는 작품 사진을 직접 보게 되면, 우리는 막중한 책임감과 위안을 동시에 느끼게 될 것이다. 결국에는 누군가가 선봉에 서서 사명감으로 이 일을 시작해야 한다. 그렇게 되면, 다른 지역 사람들도 정교하고 아름다운 공예품을 감상할 수 있을 것이다. 민간공예품은 대부분 잘 알려지지 않은 노동자나 정규교육을 받지 못한 민간장인의 손에서 만들어졌다. 하지만 그 어떤 미의 법칙과 척도로도 흠잡을 수 없을 정도로 우리에게 감동을 주는 작품들이 많다. 이번 『중국귀주민족민간미술전집』 출간을 축하하며, 아울러 이 책의 출판에 참여해 준 국내외 학자와 성원을 보내준 분들께 감사의 마음을 전하고 싶다.

그동안 귀주에서는 이번에 출판한 전집뿐만 아니라, 소소하게 민간공예와 관련된 서적을 적잖게 출판했다. 하지만 우리는 여기서 만족할 수 없다. 중국에 있는 모든 성(省)과 자치구에서 단체를 조직하여 대대적으로 자료를 수집하고 정리한 후, 민간공예 관련 서적을 전집으로 출판할 수 있는 날이 오기를 고대한다. 그런 날이 오게 되면, 중국은 사라져 가는 민간공예미술품을 다시 접할 수 있을 것이다. 서적의 힘을 빌려 곳곳에 민간공예를 전파하게 되면, 이것을 즐기고 아끼는 사람들이 갑절로 늘어나게 될 것이다. 이것은 민간공예에 대한 정책적 지지와 사회참여, 보호활동을 위한 최소한의 첫걸음이라 할 수 있다.

우리는 귀주가 민간공예미술을 전파하면서 아울러 귀주 전체 문화도 함께 전파하여, 이것이 이 지역의 핵심 이미지가 되기를 바란다. 이를 위해 보호라는 원칙과 전제하에 귀주에 있는 소수의 민간공예미술을 관광산업에 포함해서, 제한적으로 방출하고 구현하여 사회와 시대에 공헌하게 할 것을 제안한다. 이것은 또한 민간공예미술의 생존과 발전에 이바지할 수도 있다. 이번 전집을 출판하면서 성대한 출판기념회와 연구토론회뿐만 아니라 순회전도 개최할 것이다. 베이징, 상하이, 홍콩, 뉴욕 등지에서 전시회를 개최하여 전 세계 사람들 모두가 이 책의 매력에 흠뻑 빠져들게 될 것이다.

귀주 문화부는 유네스코에 귀주의 민간예술품이 인류문화유산으로 등재될 수 있도록 준비작업에 착수해야 한다. 이것과 더불어 귀주의 유명한 자연경관도 인류자연유산에 등재되도록 함께 준비를 진행해야 한다. 이와 관련된 예술학교와 연구기관은 귀주와 함께 민간공예미술이 발달한 지역에 연구소를 설립한 후, 프로젝트에 따라 책임자를 선별해서 연구를 활성화시켜야 한다.

앞으로 우리는 귀주 민간공예미술 발전을 위해 많은 관심을 가져야 할 것을 표명하며, 이것으로 서문을 마친다.

장정(張仃) · 추문(鄒文)

귀주(貴州) 나희(儺戲)
가면 약론(略論)

가면은 세계적으로 역사가 오래된 문화현상으로 표의(表意)적인 상징부호이다. 가면은 원시사회에서의 수렵활동, 부락전쟁, 토템숭배 및 종교의례 등에서 근원을 찾을 수 있다. 가면의 출현시기에 대해 학술계에서는 아직 이론이 분분한데 고고학 자료와 역사적 기록에 근거하면 늦어도 신석기시대 이전으로 추정된다. 가면은 인류의 물질문화와 정신문화가 융합된 결정체로서 역사적으로 수렵, 전쟁, 제사, 상례, 악무, 희극, 액막이, 장식 등의 용도로 널리 쓰였다. 따라서 인류학, 민족학, 민속학, 역사학, 종교학 및 조각, 회화, 무용, 희극 등 여러 방면에서 연구가치가 매우 크다.

중국은 세계에서 가면의 역사가 가장 오래되고 가면 보존량이 가장 풍부하며 가면이 가장 널리 전해진 나라 중 하나이다. 다른 나라 및 민족과 비교하였을 때, 세계적으로 선두를 차지하는 중국 가면은 종류가 다양하고 조형이 생동하며 모양이 독특하여 뚜렷한 민족적 특징을 띠고 있다. 그중에서도 나희 가면, 즉 나면(儺面)은 배역이 많고, 제작이 정교하며 내포된 뜻이 풍부하고 분포가 광범위하여 이목을 끈다. 나희는 고대 구나(驅儺)활동에서 변화 발전되어 온 것이며 나면은 나희에 사용되는 가면이다. 그러므로 귀주 나희 및 나면에 대해 서술하기 전에 우선 구나와 나희의 역사에 대해 간략하게 설명하려 한다.

1. 구나(驅儺)에서 나희(儺戲)까지

'나례(儺禮)' 또는 '나의(儺儀)'라고도 불리는 구나는 고대인들이 가면을 쓰고 잡귀와 역신을 몰아내던 의식으로 본질은 주술적 힘을 빌려 자연과 싸워 인간의 생존과 발전을 꾀하려는 데 있었다. 다분한 미신색채를 들어내고 내실을 살펴보면 구나활동에서 우리는 고대인들의 용기와 지혜를 엿볼 수 있는 바 이것이 바로 구나가 수천 년 동안 명맥을 이어올 수 있었던 이유이다. 구나의 생성연대에 관한 정확한 결론은 없지만 보편적으로 늦어도 상·주대(商·周代)로 추정하고 있으며 선사시대로 추정하는 경우도 있다.

동한(東漢)시대 위굉(衛宏)의 『한구의(漢舊儀)』에는 "황제(黃帝)의

상대(商代) 전쟁가면[섬서(陝西) 성고(城固)]

서한(西漢) 상장(喪葬)가면[산동(山東) 장청(長淸)]

손자 전욱(顓頊)에게는 아들 셋이 있었는데 모두 요절하여 역 귀가 되었다. 그중 하나가 인간의 집 한쪽 구석에 살면서 자 주 애들을 놀라게 하므로 매년 12월이 되면 전욱은 방상시 (方相氏)를 시켜 관리와 동자를 거느리고 나의를 행하여 역귀를 쫓도록 했다"라는 기록이 나온다. 북송(北宋)시대 장군방(張君房) 의 『운급칠첨(雲笈七籤)』에서는 "황제가 집정기간에 처첩을 거느 리고 천하를 주유(周遊)하던 중 원비 누조(嫘祖)가 불행히 사망하 자 모모(嫫母)를 '방상(防喪)', 즉 방상시로 내세워 누조의 시신이 귀신의 해를 입지 않도록 지키게 하였다"라고 적고 있다. 이 를 보면 구나활동은 머나먼 부계씨족 사회에서부터 있었음 을 알 수 있다. 다만, 이 두 설은 모두 전설적 색채가 짙어 보 통 상·주대를 구나활동의 출발점으로 본다.

상대(商代)에는 구나를 '구(冦)'라고 불렀는데 단지 갑골문에 만 간단한 기록이 나온다. 주대(周代)의 구나에 대한 기록은 『주례(周禮)』에서 볼 수 있는데 "방상시는 곰가죽을 뒤집어쓰 고 황금색의 네 눈을 가졌으며 검정 옷에 빨강 치마를 입었 다. 손에는 창과 방패를 들고 백관을 거느리고 때에 따라 구 나를 벌여 칸마다 돌아다니며 역귀를 쫓아냈다"라고 적고 있 다. 주대에는 구나를 '예(禮)'의 차원에서 해마다 세 차례 연행 하였다. 시기는 계절이 바뀌고 음기와 양기가 교체되는 늦봄, 한가을, 늦겨울을 택했다. 봄과 가을은 천자, 대신, 귀족들만 참가하고 겨울 행사에는 서민들도 참가했다. 민간에서도 재 해나 상사(喪事)가 있을 때 구나를 연행할 수 있지만 규모는 궁 정이나 관의 것과 비교가 되지 않았다.

진·한(秦·漢)에서 수·당(隋·唐)에 이르기까지 구나가 성행하 였으며 형식에서 다양한 변화가 생겼다. 한대(漢代)의 궁정나 (宮廷儺)에서는 '백관'을 없애고 120명의 어린이가 분장한 진자 (侲子)와, 성인들이 가죽옷과 흉측스러운 동물가면을 쓰고 '12 수(十二獸)'로 분장했다. 구나가 절정에 달하면 방상시와 12수 는 진자들이 부르는 '식귀가(食鬼歌)'에 맞춰 유희적 느낌의 춤 을 추다가 춤이 끝나면 곧바로 횃불을 들고 역귀를 궁 밖으 로 내몰아 낙수(洛水)에 처넣었다. 당대(唐代)에 이르러 궁정나에 서 12수는 12집사(執事)로 바뀌었고 집사들은 어서 와서 각종 역귀들을 잡아먹으려고 채찍을 휘두르며 12수 이름을 불러 댔다. 당시 진자는 500명으로 늘었고 모두 가면을 썼다.

한·당대(漢·唐代)에 궁정나에서 역귀를 몰아내는 주역은 여 전히 방상시였다. 삼국시대와 위·진·남북조(魏·晉·南北朝)시대 에는 전란이 빈번한 관계로 궁정나가 한때 폐지되었고 대신

중국에서 신라에 전해진 방상시(方相氏) 가면(신라시대)

중국에서 일본에 전해진 기악(伎樂)가면 취호왕(醉胡王)(일본 나라시대)

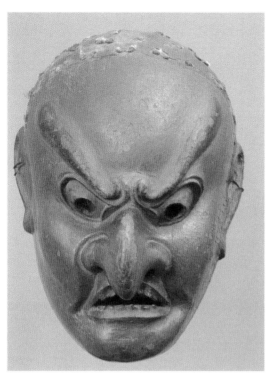

중국에서 일본에 전해진 악무(樂舞)가면 발두(撥頭)(일본 가마쿠라시대)

중국에서 일본에 전해진 악무가면 난릉왕(蘭陵王)(일본 에도시대)

민간나(民間儺)와 군사훈련을 위한 군나(軍儺)가 성행하였다. 당시 양(梁)나라 형초(荊楚) 일대의 민간나에서는 역귀를 몰아내는 주역이 이미 방상시에서 불교 호법신인 금강(金剛)이나 역사(力士)로 대체되었고 구나 대열에 꼭두각시 역인 '호공두(胡公斗)'가 나타난 것이 주목된다. 당대 섬서(陝西) 등지의 민간나에는 특히 복희(伏義)와 여와(女媧)를 상징하는 나공(儺公), 나모(儺母)가 나타났다. 구나활동의 이러한 세속화, 오락화 경향은 송대(宋代)에 들어서 더욱 발전했으며 이는 나희 출현의 밑거름이 되었다.

북송시대 궁정나는 규모 면에서 한·당대를 훨씬 뛰어넘었다. 북송시대 맹원로(孟元老)는 『동경몽화록(東京夢華錄)』에서 "섣달그믐이면 궁에서는 나의를 행하는데 문무백관과 교방(敎坊) 배우 천여 명이 장군, 문신(門神), 판관, 종규(鍾馗), 소매(小妹), 토지신, 부뚜막신 등으로 분하여 재앙을 궁에서 남훈문(南薰門) 밖으로 몰아내고 용만(龍灣)을 에도는데 이를 '매수(埋祟)'라 한다"라고 적고 있다. 이로 보아 상·주 이래로 구나의 주인공이었던 방상시는 북송시대 궁정나에서 이미 완전히 사라졌음을 알 수 있다. 또한 한·당대에 지속적으로 존재하였던 진자도 더는 볼 수 없으며 대신 천여 명이 다양한 배역으로 분장한 구나가 나타났다. 그들이 쓴 가면은 각양각색으로 당대(唐代)에 500명의 진자가 동일한 가면을 쓰던 것과는 확연히 다르다. 이에 관해 남송(南宋)시대 육유(陸游)가 쓴 『노학암필기(老學庵筆記)』에 관련 기록이 있는데 "정화(政和)연간 하계부(下桂府)에서 나의(儺儀) 가면을 들여오는데 처음에는 '한 부(副)'라는 말에 너무 적어 놀랐다. 그러나 다시 알아보니 800개가 한 부로 어느 하나 같은 것이 없어 또 한 번 놀라게 되었다"라고 적었다. 남송시대 궁정나의 규모 역시 북송시대와 비견되는데 가면에 여러 가지 배역이 늘어 더욱 다채로워졌다. 남송시대 오자목(鳴自牧)이 쓴 『몽량록(夢粱錄)』에는 "송대에는 민간나를 '타야호(打夜胡)'라고도 불렀는데 대부분 춘절(春節, 중국의 가장 큰 명절인 음력 정월 초하룻날)에 행했다. 거지들이 귀신, 판관, 종규, 소매 등으로 분하여 북을 치고 징을 울리며 집집마다 찾아다니면서 돈을 구걸하였는데…… 역시 구나의 뜻이 있는 것이다"라고 기록되어 있다. 관객과 집주인을 즐겁게 하기 위해 연행자(演行者)들은 자연히 구나와 오락 성질을 띤 나무(儺舞)를 추는 동시에 기복하는 축사를 읊었다. 이런 춤과 노래가 동반된 공연은 이미 나희에 가까우며 나희의 밑그림이 마련되었다고 할 수 있다.

나희는 중국 희극의 한 종류로 그 형성은 중국 희극문화의 발전과 밀접한 연관이 있다. 그리스나 인도와 달리 중국희극은 늦게 시작된 편인데 일반적으로 중국희극은 한대의 각저희(角抵戲)에서 싹튼 것으로 보고 있다. 당대에 이르러서야 풍자 위주의 2인극(二人劇) 참군희(參軍戲)와, 가무로 간단한 이야기를 표현하는 가무희(歌舞戲)가 나타났다. 그러나 각저희, 참군희, 가무희 모두 '고극(古劇)'의 형태로 아직 성숙된 희극은 아니었다. 북송 말기 송잡극(宋雜劇)과 금원본(金院本)의 출현은 중국희극이 성숙기에 들어서기 시작했음을 의미한다. 중국희극이 성숙기에 접어든 요인으로는 상품경제의 발전, 시민계층의 증가, 예술경험의 누적 등을 꼽을 수 있는데 이러한 요인이 나희의 형성에 촉매제가 되었다. 그러나 송잡극이나 금원본과 달리 나희는 순수한 희극이 아니라 희극과 종교가 결합된 산물이다. 한대 이후로 구나활동은 날로 오락화·세속화되어 갔고 송대에 이르러서는 유교, 도교, 불교까지 섞이게 되었다. 이 밖에 무속, 도교, 불교의 신들이 나의에 더해지면서 나희의 형성에 훌륭한 자양분이 되었다. 상술한 분석으로 볼 때 북송 말기에 이미 나희의 형성조건이 마련된 것을 알 수 있지만 북송시기에 나희가 있었다는 확실한 증거는 아직 발견된 바 없다.

자료에 따르면 나희는 늦어도 13세기 중엽에 형성되었다고 볼 수 있는데 남송시대 강서(江西) 남풍(南豊) 시인 유당(劉鏜, 1220년~?)의 칠언시 「관나(觀儺)」의 내용에서 알 수 있다.

나무(儺舞) 종규(鍾馗) 가면[강서(江西) 평향(萍鄕)]

찬 구름 높이 떠 사방에 어둠이 찾아오고,
화당의 촛불은 붉은 주렴 그윽하게 비추네.
북소리 둥둥 울려 퍼지고 피리소리 맑은데,
귀신으로 변하여 극에 도움을 주네.
금빛/옥빛 웅덩이에 물이 졸졸 흐르더니,
눈앞은 어느 한순간 인간세상 아니로구나.
야차는 봉두난발에 쇠몽둥이 손에 들고,
붉은 옷 푸른 얼굴에 눈에선 불 뿜네.
구신과 망상은 처음으로 광대를 물리치고,
끓어앉은 양과 서 있는 돼지가 마주 보며 으르렁거리네.
다홍치마 여인은 파초선으로 얼굴을 가리고,
초록 끈을 한 염옹은 한 손에 부들 검을 잡았네.
느긋하게 양손 풀어 곤두박질 재주넘고,
입 벌려 혀 내밀고 입술은 말랐네.
고개 흔들며 사방을 둘러보고 백 번을 뛰어오르고,
오만 가지 가(罫)처럼 각종 자태로 몸 감추네.

나당희(儺堂戲) 「판관이 출석부를 관리하다」[귀주(貴州) 잠공(岑鞏)]

선고(扇鼓) 나희(儺戲)[산서(山西) 곡옥(曲沃)]

청삼이 춤추다가 갑자기 무서움에 떠는데,
꽃구름에 장막 걷히니 깃발이 빽빽하네.
자주 옷의 염라대왕 금인 들고 홀로 책상 앞에 앉아 있고,
마면 판관, 우면 판관이 양옆에 갈라섰네.
……

寒雲岑岑天四陰,　畫堂燭影紅簾深.
鼓聲淵淵管聲脆,　鬼神變化供劇戲.
金窪玉注始淙潺,　眼前倏已非人間.
夜叉蓬頭鐵骨朶,　赭衣藍䩑眼迸火
魊蜽周象初俳伶,　跪羊立豕相嚘嚶.
紅裳姹女掩蕉扇,　綠綬髯翁握蒲劍.
翻筋踢鬥臂膊寬,　張頤吐舌唇吻乾.
搖頭四顧百距躍,　斂身千態萬翠索.
青衫舞蹈忽屏營,　采雲揭帳森麾旌.
紫衣金章獨據案,　馬鬃牛權兩披判.
……

　시는 모두 48구로 나희를 행하는 시간, 장소, 악기, 도구, 배역, 연기, 분위기 등을 생동감 있게 묘사하고 있다. 시에서는 '극희(劇戲)', 즉 나희 연행을 분명히 말하고 있다. 또한 대사, 가무, 반주, 무술, 분장, 줄거리 등을 모두 갖춘 것으로 보아 이미 『동경몽화록』과 『몽량록』에서 묘사한 궁정나나 민간나보다 많이 발전한 것으로 나의(儺儀)나 나무(儺舞)의 범위를 벗어나 나희 단계에 들어섰음을 알 수 있다. 시의 특성상 자수(字數)의 제약으로 인해 상연작품을 일일이 열거하지는 못했지만 대략 줄거리가 있는 것으로는 「판관이 출석부를 관리하다」, 「장천사(張天師)가 귀신이 들리다」, 「종규(鍾馗)가 도깨비를 희롱하다」 등으로 보인다. 그 외의 것은 대부분 줄거리가 없는 나무(儺舞)로 추정된다. 이로부터 형성 초기 나희의 작품이 많지는 않으며 대부분 궁정나와 민간나의 판관, 종규 등 배역에서 변화 발전된 것으로 아직 나의와 나무(儺舞)에서 나희로 넘어가는 과도기의 흔적이 많이 남아 있었음을 알 수 있다. 나희는 대략 원말명초(元末明初)에 성숙기에 들어섰고 명대 중기 이후에 보편화되었다. 즉, 작품이 다양해졌으며 민간에서 가장 인기를 끈 희극이 되었다.

귀지(貴池) 나희[안휘(安徽) 귀지]

2. 나희(儺戲)의 특징, 분류 및 분포

(1) 특징

나희는 분포가 광범위할 뿐만 아니라 종류 또한 복잡하고 다양하다. 전에는 학술계에서 나희에 대한 통일된 개념이 없었으므로 기타 희극, 악무, 민속활동과 혼돈되어 나희가 '범람하는' 현상이 생기기도 하였다. 그러므로 학술 연구로 발전하기 위해서는 나희에 대한 정의가 필요하다. 중국 각 지역, 각 민족의 나희는 사회, 경제, 문화, 풍속 등의 차이로 인해 다양한 형태와 풍모를 가지고 있으므로 한마디로 정의하기는 쉽지 않지만 대략 다음의 특징으로 정리할 수 있다.

① 나희는 구나(驅儺)활동에서 잉태되고 발전된 것으로 민간 종교 중 도교와 무속, 불교와 밀접한 연관성이 있다. 대부분의 나희는 연희 가운데 역신과 잡귀를 몰아내고 기복하기 위한 제사의식이 있다. 개별적인 나희는 구나와 직접적인 연관은 없지만 역시 역귀를 쫓고 기복하는 내용이 포함되어 있다.

② 나희는 가면극이지만 가면극이라 하여 모두 나희인 것은 아니다. 초기 나희는 주요 배역이 모두 가면을 썼지만 근대에 이르러 일부 지역과 일부 나희는 경비 절약과 연기자의 편의를 위해 얼굴을 깨끗이 하거나 직접 얼굴에 칠하는 방식으로 변화하였다. 그러나 대부분 나희는 여전히 가면을 주요 특징으로 한다.

③ 연희시간과 장소에는 엄격한 규정이 있다. 일반적으로 춘절(春節) 전후나 중원절(中元節), 중양절(重陽節) 등과 같은 특정 명절에 행한다. 그리고 충나환원(冲儺還願, 나희를 행하여 액을 물리치고 소망이 이루어진 후 감사의 뜻을 표하는 것)을 위해서나 경조사가 있는 집에서 특별히 요청하면 연행하고 평상시에는 연행이 없었다.

상술한 특징에 따라 각종 희극, 악무, 민속활동이 나희에 속하는지를 판단할 수 있다.

(2) 분류

나희에 대한 연구가 비교적 최근에 시작되고 아직 깊이 있는 연구가 진행되지 않아 중국 내에 몇 가지 나희가 있는지는 정확히 알 수 없다. 현재 학술계에서 확정지은 나희 종류는 약 20~30가지로 연희 주체, 연희장소, 제단(祭壇), 연희도구, 종교, 유행지역, 물리치는 대상, 지방보호신, 주인공 등에 근거하여 이름을 붙였다. 연구를 위해 일부 학자들은 상술한 나희의 주요 특징에 근거하여 다시 네 가지 종류로 정리하였다.

무사나(巫師儺)의 나당(儺堂)[호남(湖南)]

군나(軍儺) 관색희(關索戲)[운남(雲南) 징강(澄江)]

1) 촌사나(村社儺)

가족나(家族儺)라고도 하는데 촌락이나 가족을 단위로 연행하여 이름 지어진 것이다. 나희 중에서 비교적 원시적이고 소박하며 예스러운 종류이다. 연희의 주최자나 연기자는 모두 농민으로 소수 지역의 개별적인 의식 외에 일반적으로 전문 종교인은 참가하지 않는다. 대부분 춘절 전후에 연행되고 촌락과 가족을 위해 축사(逐邪)하고 기복하는 목적 외에 일부는 조상 제사의 목적도 있다. 연희장소는 대부분 마을의 공연무대나 사당으로 무대장치가 간단하여 신감(神龕)이나 안자(案子)를 설치하지 않고 나공(儺公)·나모(儺母)도 모시지 않는다. 연희 가운데 복잡다단한 무속, 도교 법사(法事)를 하지 않으며 주술, 점복(占卜) 등 신비로운 동작도 거의 없어 종교 색채가 옅다. 일부 촌사나는 민간민속놀이의 일부분으로 진행되기도 한다.

2) 무사나(巫師儺)

연희의 주최자나 연기자는 모두 전문 무당[지역에 따라 토노사(土老師), 단공(端公), 도공(道公), 사공(師公), 귀사(鬼師), 향동(香童) 등 명칭이 있다]이 담당하여 이름 지어진 것이다. 연희는 정해진 때가 없이 충나환원하려는 집에서 요청하면 날을 정하여 행한다. 연희장소는 대부분 의뢰인의 본채나 정원이다. 장소 한가운데에 커다란 채색 패방(牌坊), 즉 신감을 대나무로 엮어 만든다. 주변에는 안자라 하는 채색 그림족자 몇 개를 걸고 신감 앞에는 나공과 나모의 목조 두상(頭像)을 봉안한다. 법사와 나희가 번갈아 연행되며 제사 가운데 연극이 있고 연극 가운데 제사가 있는 형식으로 종교성격이 강하다. 무사나의 연희시간은 의뢰인의 경제상황에 따라 다른데 짧으면 하루 밤낮, 길면 열흘에서 보름간 진행된다. 연희가 끝나면 의뢰인은 무당에게 수고비를 지불한다. 나희의 발전 역사를 놓고 볼 때 무사나는 촌사나 이후에 나타난 것으로 추정된다.

3) 군나(軍儺)

'군나'라는 단어는 남송시대 주거비(周去非)의『영외대답(嶺外代答)』에서 가장 먼저 보이는데 "계림(桂林)나희는 승평(承平)연간부터 널리 경성에까지 알려졌는데 정강(靜江)의 여러 군나라 일컬어졌다. 또한 군나가 있는 촌락에는 따로 백성나가 있다"라고 적고 있다. 계림군나는 현재 맥이 끊겨 상세한 정황을 알 수 없다. 오늘날 민간에서 전해지는 군나는 귀주(貴州) 안순(安順)지역의 지희(地戱)와 운남(雲南) 징강(澄江)지역 관색희(關索戱)뿐이다. 촌사나, 무사나와 비교할 때 군나는 다음과 같은 몇 가지 특징이 있다. 첫째, 군나의 창작자와 계승자는 모두 당시 주둔군이나 그 후예들로 무예로 몸을 닦거나 우병어농(寓兵於農, 농민들에게 기초 군사훈련을 시켜 평시에는 농사를 짓고 전시에는 참군하도록 하거나 주둔군이 농사짓는 것을 이름)의 목적이 있었다. 둘째, 군나의 소재는 모두 고대 전쟁에 관한 것으로 생활, 공안(公案, 분쟁이 있거나 기이한 사건), 사랑에 관한 것이 없다. 셋째, 연희에는 격투장면이 많은데 동작이 용맹하고 강건하며 대범하다. 찍고 찌르고 베는 동작 위주로 고대의 군사(軍事)에서 온 것임을 알 수 있다.

4) 전나희(前儺戱)

일명 아나희(亞儺戱)라고도 부른다. 상술한 것처럼 나희는 구나에 뿌리를 두고 가면을 쓰며 연희시기와 장소에 엄격한 규정이 있다. 그러나 현실에서 일부 나희는 위의 특징에 부합되지 않는 것도 있다. 귀주 위녕(威寧) 이족(彝族)의 촬태길(撮泰吉, 추어타이지)이 그중 하나이다. 촬태길은 춘절에 연행되고 역신과 잡귀를 몰아내는 내용이 포함되며 가면을 쓰는데 이는 모두 나희의 특징에 부합되는 것이다. 그러나 전통적인 나희와는 달리 촬태길의 뿌리는 고대의 구나활동에 있지 않다. 촬태길의 성질에 대해 학술계에서는 나희설, 고희설(古戱兌), 창세희극설(創世戱劇說), 원시희극설(原始戱劇說), 민속활동설 등 다양한 의견이 존재한다. 중국나희학연구회 회장 곡육을(曲六乙)은 촬태길이 이미 나희의 기본특징을 구비하였기에 넓은 의미에서 나희의 범주에 속한다고 보고 있다. 그러나 아직 희극 발전의 원시단계에 머물고 있으므로 '전나희' 또는 '아나희'라 하여 전통 나희와 구별하고 있다. 중국 각지, 특히 변경(邊境)의 소수민족 지역에는 나희와 비슷한 원시희극이 여럿 존재하지만 그 가운데서 나희로 구분되는 것은 오직 촬태길뿐이다.

상술한 분류방법이 완벽하지는 않지만 대체적으로 중국나희의 실제 상황을 반영한다 하겠다.

(3) 분포

나희는 우선 중원(中原)과 강남의 한족(漢族) 거주지역에 집중되어 있다가 명·청대(明·淸代)에 군대의 정벌, 인구의 유동, 문화의 확산 등으로 점차 주변지역, 특히 서남(西南) 소수민족지역으로 퍼져 나갔다. 오랜 시간이 지난 후 그중 일부는 쇠락하거나 소멸되고 일부는 그 지역의 토착문화에 융합되어 새로운 종류로 변하였으며 일부는 진일보의 발전을 가져왔다. 대략적인 통계에 의하면 현재 중국 내 10여 개 성(省), 구(區), 시(市)의 10여 민족에 20여 종의 나희가 전해지고 있다. 이 중에

「단공(端公)이 얼룡(孽龍)을 희롱하다」 얼룡 가면[운남 소통(昭通)]

나당희(儺堂戱) 이랑신(二郎神) 가면[사천(四川) 검각(劍閣)]

이족(彝族)문화 계승자 포마(布摩)

귀주 나면(儺面) 전시회를 관람하는 조우(曹禺), 종경문(鍾敬文)

이족 문자 경전(經典)

는 일부 희극특징을 띤 나무(儺舞)도 포함된다. 지역적으로는 귀주, 호남(湖南), 사천(四川), 중경(重慶), 운남(雲南), 광서(廣西), 안휘(安徽), 강서(江西), 강소(江蘇), 복건(福建), 하북(河北), 산서(山西)에 다수 분포되어 있고 민족적으로는 한족, 묘족(苗族), 동족(侗族), 이족(彝族), 장족(壯族), 요족(瑤族), 백족(白族), 토가족(土家族), 흘료족(仡佬族), 포의족(布依族), 무료족(仫佬族), 모남족(毛南族) 등이 나희를 이어가고 있다. 종류에 따라서는 하북, 산서, 강서, 안휘, 복건 등지에는 주로 촌사나가, 귀주, 호남, 사천, 운남, 강소, 광서, 중경 등지에는 무사나가 분포되어 있다. 군나는 귀주와 운남에서만 볼 수 있으며 전나희는 귀주에만 있다.

다른 지역과 비교할 때 귀주성 나희는 독특한 자연·인문 환경과 역사로 인해 종류가 다양하고 분포가 광범위하며 보존이 완벽한 특징이 있다. 실제로 귀주의 나희와 나면은 중국에서 손꼽히는 수준이다. 1980년대 이후 귀주성의 학자들은 정부의 지원을 받아 귀주성의 나희와 나면에 대한 심층적인 연구를 진행해 상당한 수준의 학술논문과 전문서적을 펴내었다. 또한 북경, 파리, 런던, 도쿄, 마드리드 등지를 순회하며 나희 및 나면에 관한 연희와 전시회를 열어 국내외적으로 열렬한 반향을 일으켰다. 당시 사람들은 신비하고 괴이한 귀주의 나희와 나면을 감상한 후 귀주는 '나희의 본고장'이자 '나면대성(儺面大省)'이라 격찬하였다. 2006년 5월 국무원에서 허가하고 문화부에서 발표한 국가급 무형문화재 목록 518건 가운데 귀주의 위녕 이족 촬태길, 덕강(德工) 나당희(儺堂戱), 안순(安順) 지희(地戱)가 포함되었다. 다음에 이 세 가지 나희와 그 가면에 대해 상세하게 설명하였다.

3. 촬태길(撮泰吉) 및 그 가면

(1) 명칭의 함의

촬태길은 귀주 위녕이족회족묘족(威寧彝族回族苗族)자치현의 이족에서 전해오는 나희이다. 1940년대 판저향(板底鄉) 나알촌(裸戛村), 판저향 판저원자(板底院子), 등저향(登底鄉) 노관채(老官寨)에서 연행되었으나 현재는 나알촌에만 남고 다른 지역에서는 모두 자취를 감추었다. 촬태길은 이족어의 음역으로 촬태길 외에도 촬친저(撮襯姐), 촬촌기(撮寸幾), 촬둔저(撮屯姐), 촬특기(撮特基) 등 다른 명칭이 있다. 촬태길이란 이름은 같은 발음의 한자 중 상서로운 뜻을 택한 것이다. 2006년 5월에 발표된 국가급 무형문화재 목록에도 촬태길로 이름을 올렸다. 이족어에서 '추어

(搬)'는 사람이나 귀신, '타이(泰)'는 변화, '지(吉)'는 유희를 뜻하는데 일반적으로 '인류가 형성된 시대' 또는 '인류의 변화과정에 대한 극'으로 번역되며 약칭으로 변인희(變人戲)라 불리기도 한다.

연행 시작 전에 분장 중인 촬태(撮泰) 노인

(2) 연희시기와 배역

촬태길은 보통 음력 정월 초사흘부터 보름 사이에 재앙을 물리치고 상서로움을 불러들이며 풍수를 기원하기 위해 행해진다. 대부분 밤에 진행되고 마을 외곽 산등성이 평지를 택해 주위에 적녹백흑 4색 등롱을 켜 둔다. 천재지변이나 인재로 인해 흉작이 되면 몇 년 동안 쉬기도 한다. 연기자는 모두 13명으로 6명은 인물, 3명은 사자, 2명은 소로 분하고 나머지 2명은 징과 동발을 친다. 여섯 인물 중, 산림노인 야알아포(惹戛阿布)는 무당 차림으로 가면을 쓰지 않고, 아포마(阿布摩)는 1,700세 노인으로 흰 수염 가면을 쓰며, 아달모(阿達姆)는 1,500세 노파로 수염이 없는 가면을 쓴다. 마홍마(嘛洪摩)는 1,200세 묘족노인으로 검은 수염 가면을 쓰며, 묵포(嘿布)는 1,000세 한족노인으로 토끼입술 가면을 쓴다. 아안(阿安)은 아포마와 아달모의 아들로 수염이 없는 가면을 쓴다. 아안은 원래 천주머니로 대신하였으나 근대에 들어와 배역이 더하여졌다. 현지인의 말을 빌리면 "이렇게 오랫동안 연행하였는데 아안도 이젠 자라야 하지 않냐"는 것이다.

운남(雲南) 구주발(溝湊發)에서 귀주 위녕(威寧)으로 이주해온 험난한 여정을 표현하는 촬태 노인

(3) 연희순서와 내용

촬태길은 제사, 경작(일명 정희(正戱)), 경축, 소채(掃寨) 네 부분으로 나뉘며 그중 소채는 정월 보름에만 행한다.

1) 제사

시작하기 전에 연기자들은 마을 밖 가면을 놓아둔 조령동(祖靈洞, 조상의 영혼이 머무는 산굴) 앞에서 초를 켜고 향을 피우며 제사의식을 거행한다. 그 후 가면을 들고 수풀로 들어가 분장한다. 분장할 때는 다른 사람들에게 보이는 것을 금기시하며 상호간에 실명을 부르지 않는다. 서로 간에 의논할 일이 있으면 배역의 이름을 부르는데 실명을 부르면 재앙이 닥친다고 믿는다. 분장을 마치면 아포마가 아달모, 마홍마, 묵포를 거느리고 막대기를 짚으며 숲에서 나온다. 촬태(撮泰) 노인들은 모두 흑백 두건으로 머리를 원뿔 모양으로 감고 아래위에 검은 옷을 입는다. 그리고 흰 천으로 가슴, 등, 허리, 다리를 감싸 나체임을 나타낸다. 안짱다리로 비틀비틀 걸으며 직립보행

이주역사를 설명하는 야알아포(惹戛阿布)와 촬태 노인

담배를 태우며 휴식하는 촬태 노인

봄에 메밀을 파종하는 촬태 노인

교합장면을 연행하는 아포마(阿布摩)와 아달모(阿達姆)

아안(阿安)에게 젖을 먹이는 아달모

풍년을 기뻐하는 사자춤

전의 고대 인류를 표현한다. 그러고는 숨을 들이쉬어 성대를 진동시켜 원숭이 소리를 낸다. 넓은 평지에 다다르면 막대기를 내려놓고 서쪽을 향하여 횡으로 줄을 맞춰 선다. 이는 이족이 서쪽에서 위녕으로 옮겨왔기 때문이다. 무당 야알아포의 주관하에 천지, 조상, 사방 신령에게 기도드린다. 이때 야알아포가 정상적인 어조로 먼저 축사를 읊으면 촬태 노인들은 요상한 어조로 복창한다. 그다음 촬태 노인들이 구리 말방울을 흔들며 방울춤을 춘다. 방울춤은 속칭 '도각(跳脚)'이라고 하는데 조상들을 기리는 뜻이 있다.

2) 경작

이는 전체 극중 핵심부분으로 주로 이족 선조의 이주, 농경생활 및 번성의 역사를 반영한 것이다. 앞부분은 우선 야알아포와 아포마의 대화를 통해 선조들의 이주역사를 이야기한다. 그 옛날 아포마 등이 양식종자를 메고 운남(雲南) 구주발(滿篗發)에서 출발하여 곡철패곡(殺徹貝谷, 오늘날 운남성), 아여두미[阿餘斗米, 운남 동천(東川)], 고요육거[古闍陸居, 귀주 귀양(貴陽)], 팔적후토[八滴猴兎, 위녕 초해(草海)] 등지를 거쳐 판저향 나알촌에 도착하였다. 그때 나알촌은 해마다 흉작이 들었는데 아포마 등은 현지 백성들을 도와 밭을 갈고 농사를 지어 흉년을 넘겼다. 이어서 여러 촬태 노인들은 춤동작으로 이족 선조들의 농경생활을 재현한다. 소를 훈련시켜 밭을 갈고 거름 주며 파종한 뒤 수확하여 탈곡하는 전 과정을 일일이 표현한다. 그리고 간헐적으로 촬태 노인들이 담배를 피우고 아포마와 아달모가 교합하고 아달모가 아안에게 젖을 먹이는 등 동작을 끼워 넣는다. 뒷부분에는 풍년이 들어 곳간마다 그득함을 표현한 다음 야알아포가 촬태 노인들을 거느리고 땅에 술을 부으며 천지, 신령, 알곡에 축복을 빈다.

3) 경축

풍년이 든 것을 경축하여 야알아포가 사자춤을 출 것을 선포한다. 그러면 사자로 분한 두 연기자가 훈련사의 지휘하에 춤을 추기 시작하는데 사자가 울부짖고 땅을 구르며 공을 가지고 노는 순서로 진행된다. 춤이 고조에 이르면 소와 촬태 노인들도 무대에 올라 즉흥공연을 한다. 현지인의 얘기에 따르면 이 부분은 원래 없었으나 근대에 와서 더해진 것이다.

4) 소채(掃寨)

즉, 화신(火神)을 쫓는 것으로 이족 언어로 '미두어치우(米奪秋)'라고 한다. 정월 보름 연희의 막이 내릴 무렵 야알아포는 촬태 노인들을 거느리고 마을마다 찾아다니며 재난과 온역을 몰아내고 사람과 짐승 모두가 성하고 풍년이 들기를 기원한다. 집집마다 화덕 옆에서 상서로운 축사를 읊으면 집주인이 달걀 몇 개와 마 한 줌으로 감사를 표한다. 촬태 노인들은 나갈 때 초가집 네 모서리에서 각각 풀 한 줌씩을 뜯어내고 마을 옆 길목에서 달걀 세 개를 흙속에 묻고 풀에 불을 지펴 나머지 달걀을 삶아 먹는다. 그러면서 "화신아 물러가라! 화신아 물러가라"라고 소리친다. 며칠 후 흙속 달걀을 꺼내 그해의 수확을 점친다.

소채(掃寨)가 끝나고 마을 밖에서 온역을 몰아내는 촬태 노인

(4) 생성시기

촬태길은 오래된 연희로 그 안에 상고시대 문화가 다수 담겨 있다. 예를 들어 선사시대 인류를 모방한 분장, 걸음걸이, 대화, 교합 등등은 연구자들의 관심을 받고 있다. 촬태길의 생성시기에 대해서는 이견이 분분한데 적어도 300년 이상, 계급사회 초기, 오랜 세월에 걸쳐 점차 형성되었다는 등의 주장도 있다. 구체적으로 촬태길은 대략 동한(東漢) 초기에 기초적인 형태를 갖추고 이후 점차 보충되고 다듬어져 청대(淸代) 중엽에 현재의 형태를 갖추게 되었다. 촬태길의 기원을 동한 초기로 추정한 것은 『서남이지(西南彝志)』, 『찬문총각(爨文叢刻)』 등의 기록에 근거한 것이다. 이족의 조상인 물아납(勿阿納)은 동한 초기에 사람들을 이끌고 운남 동천에서 검서북(黔西北)으로 이주하였다. 이들은 오늘날 대방(大方)을 중심으로 하여, 동쪽으로 귀양(貴陽), 남쪽으로 수성(水城), 북쪽으로 금사(金沙), 서쪽으로 운남 진웅(鎭雄)에 이르는 노예제 정권을 수립하였다. 따라서 생산·생활 방식도 기존의 유목에서 농경으로 변화하였다. 이러한 역사적 사실은 촬태길 '경작' 부분의 이주 및 농경 내용과 내재적 연관성이 있을 것으로 추정된다. 기본적인 체계가 형성된 시기를 청대 중엽으로 추정한 것은 경작 부분에서 촬태 노인들이 담배 피우는 장면과 "양곡 중 무당 옥수수에게 술을 올리라", "양곡의 형제 감자에게 술을 올리라"라는 축사 때문이다. 주지하다시피 담배, 옥수수, 감자 세 가지 작물은 모두 원산지가 아메리카로 콜럼버스가 신대륙을 발견한 후 아메리카에서 유럽으로 전해졌으며 중국에는 명말청초(明末淸初)가 되어서야 유럽에서 넘어왔다. 위녕은 교통이 불편하고 상당히 낙후한 지역이므로 담배, 옥수수, 감자의 대량 재배시기는 18세기 이후가 된다. 이로 미루어 보아 촬태길의 체계 수립시기는 대략 청대 중엽 전후임을 알 수 있다.

(5) 가면의 제작기법 및 예술풍격

1) 제작기법

나당희(儺堂戲)와 지희(地戲) 가면은 전문적인 가면장인이 제작하지만 촬태길(撮泰吉) 가면은 모두 나알촌 이족 농민이 제작하며 대부분의 경우 사용자가 직접 만든다. 재료는 현지에서 많이 나는 두견(杜鵑)나무, 옻나무 등 고산지대의 단단한 잡목을 쓴다. 기법은 매우 간단하다. 첫째, 나무를 그늘에서 말린 후 30cm 정도 길이로 자르고 다시 반으로 쪼갠다. 둘째, 얼굴 모양으로 깎은 후 대략적으로 눈·코·입을 새기고 뚫는다. 눈썹이나 귀는 생략하고 머리카락과 관모 등도 조각하지 않는다. 셋째, 솥 그을음이나 먹물로 가면을 검게 물들인다. 아포마와 마홍마 가면에는 마나 말총으로 만든 수염을 붙이는데 아포마는 흰 수염이고 마홍마는 검은 수염이다. 넷째, 연행하기 전에 석회나 분필로 가면에 흰 선을 긋는다. 문양은 가로 또는 세로로, 굵기는 정해진 것이 없고 방사상이나 파도모양을 이룬다. 그 함의에 대해 현지인들은 촬태 노인들의 나이를 나타낸다고 하고 일부 학자들은 이족 선조들의 토템숭배와 연관 있다고 본다.

2) 예술특징

촬태길 가면은 중국나면 중에서도 독창성이 있으며 배역이 많지 않지만 기법, 조형, 색채 면에서 다른 지역, 다른 민족의 나면과 현저하게 다른 모습으로 뚜렷한 개성을 지니고 있다.

① 기법

촬태길 가면의 제작자는 모두 보통 이족 농민으로 대대로 농업에 종사하고 있다. 전문적인 조각훈련을 받은 적이 없고 개인의 상상과 감각에 따라 조각하고 무늬를 새긴다. 예를 들어 가면의 눈과 입을 조각할 때 눈동자와 입술을 표현하는 대신 단순히 구멍 세 개를 뚫는다. 그리고 얼굴의 무늬를 새김에 있어서도 고정적인 틀이 없이 자유롭게 표현한다. 이처럼 투박하고 간단한 제작기법은 촬태길 가면에 꾸밈없고 소박하며 대범한 풍격을 부여함으로써 강렬한 시각적 충격을 안겨 준다.

② 조형

촬태길 가면에는 다섯 배역이 있으며 남녀노소가 모두 포함된다. 그러나 외형상으로 수염의 유무와 수염의 색깔에 의해 구분될 뿐 그 외 도드라진 이마, 곧은 코, 둥그런 눈은 모두 똑같이 원숭이 모습을 하고 있다. 이러한 조형은 가면의

착색 전의 촬태길(撮泰吉) 가면

연행 시작 전, 분필로 가면에 각종 무늬를 그리고 있는 연기자들

제작자가 원시적이고 고졸한 운치를 추구한 측면도 있지만 심층적인 원인은 이족의 철학사상에서 영향을 받은 것으로 추정된다. 이족의 창세사시(創世史詩) 중에는 원숭이가 사람으로 변했다는 전설이 매우 많다. 이를테면 「사모(査姆)」에서는 "애꾸눈일 때는 원숭이와 사람이 구분되지 않았다. 원숭이가 수 컷 원숭이를 낳았는데 애꾸눈 사람으로 변하였다. 사람과 원 숭이가 혼인하고 함께 살았다"라고 하고, 「실색낙모제(實索諾姆第)」에서는 "원숭이는 사람과 똑같다. 원숭이는 사람의 선 조이다…… 원숭이가 여섯 세대를 이어 내려오더니 사람으로 변하였다"라고 읊고 있다. 그러므로 촬태길 가면의 원숭 이 조형은 제작자가 마음대로 조각한 것이 아니라 깊은 역사 적·문화적 함의를 내포한 것으로 이는 현지 이족들의 선사 시대에 대한 기억을 드러낸다.

순박하고 투박하며 괴이한 촬태길(撮泰吉) 가면

③ 색채

촬태길 가면은 검정 바탕에 흰색으로 무늬를 새겨 단순하 고 소박하며 깊이감이 있다. 흑백만을 사용하는 데는 두 가지 원인이 있다. 첫째는 이족의 전통적 심미관 때문이다. 이족은 줄곧 흑백 두 가지 색을 숭상하여 왔는데 생활 중에서도 여 실히 드러난다. 이족 포마(布摩, 무당)는 흑백의 법모(法帽)를 가지 고 있는데 상사(喪事)가 있을 때는 검은 모자를 쓰고 경사가 있 을 때는 하얀 모자를 쓴다. 이족의 복식은 단의(短衣), 장포(長袍), 허리띠, 두건 모두 흑백이 많으며 이러한 심미관은 자연적으 로 가면의 색상에도 반영되었다. 둘째로 극의 분위기와 조화 를 맞추기 위해서이다. 촬태길 공연은 투박하고 고졸한데 만 약 가면의 색상이 지나치게 다양하고 화려하면 전체적인 분 위기를 해칠 수 있다. 색상이 소박한 가면을 사용함으로써 극 자체와 통일을 이룰 수 있는 것이다. 위의 세 가지 특징이 함 께 작용하여 촬태길 가면의 순박하고 투박하며 기이한 예술 적 풍격을 이루게 되었다.

촬태길을 품은 노홍(蘆虹)산맥

가면은 촬태길에서 중요한 작용을 하는데 극중의 촬태 노 인들은 모두 1,000세 이상으로 조상 영혼의 재현자(再現者)이자 화신이기도 하다. 가면은 그들에게 있어서 음계(陰界)와 양계(陽界)를 소통시키는 도구일 뿐만 아니라 생과 사를 잇는 가교(駕輪)이기도 하다. 촬태 노인들은 가면을 쓴 후 조상신의 신분으 로 자손들 앞에 나타나 대화와 춤으로 이족 선조의 이주, 농 경, 번성의 역사를 재현하는 동시에 촌민들을 위해 귀신과 온 역을 물리쳐주기도 한다. 이처럼 과거와 현재, 역사와 현실이 교묘하게 어우러져 하나가 됨으로써 관객들로 하여금 이에

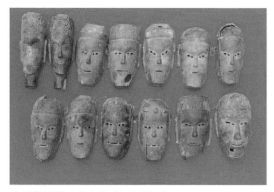

나당희(儺堂戱) 가면[귀주(貴州) 직금(織金)]

묘족(苗族) 나당희[상서(湘西)]

빠져들게 한다. 오랜 시간 동안 찰태길과 그 가면은 귀주 서북부 해발 2,000미터의 심산계곡에서 소리 소문 없이 생겨나 성장하였다. 또한 한문화(漢文化)의 영향을 거의 받지 않은 관계로 원시적 예술특징이 짙다. 이러한 오래된 활화석(活化石) 같은 희극은 중국 내에서 보기 드문 것으로 마땅히 소중히 여겨야 한다.

4. 나당희(儺堂戱) 및 그 가면

(1) 명칭의 유래와 분포상황

나당희는 무사나(巫師儺)의 종류로 대부분 나당(儺堂), 즉 의뢰인의 안채에서 행하기 때문에 붙여진 이름이다. 이 외에도 주인이 발원약속을 지키기 위해 연행하므로 나원희(儺願戱), '나단(儺壇)'을 단위로 연행하기 때문에 나단희, 연기자가 전문 또는 반전문직의 무당, 즉 단공(端公)이기에 단공희, 주요 연기자가 '귀검각(鬼臉殼)', 즉 가면을 쓰므로 귀검각희, 그 밖에 경단(慶壇), 희나신(喜儺神) 등 여러 가지 명칭이 있다. 대부분 이름만 다를 뿐 내용은 대동소이하다. 귀주성(貴州省) 외에도 사천(四川), 호남(湖南), 호북(湖北), 운남(雲南), 중경(重慶) 등지에도 나당희가 있지만 귀주만큼 보편적이지는 않다.

귀주성의 나당희는 대부분 현(縣), 시(市)에 모두 분포되어 있는데 그중 검동(黔東)의 덕강(德江), 사남(思南), 연하(沿河), 인강(印江), 송도(松桃), 강구(江口), 동인(銅仁), 석천(石阡), 검북(黔北)의 도진(道眞), 무천(務川), 미담(湄潭), 검동남(黔東南)의 잠공(岑鞏), 황평(黃平), 검서북(黔西北)의 직금(織金), 대방(大方), 검남(黔南)의 여파(荔波), 나전(羅甸) 등 현을 꼽을 수 있다. 조사에 따르면 1940년대 귀주성의 나당희는 약 2~3천 마당이 있었으며 20세기 말까지만 해도 천여 마당이 있었지만 이미 적지 않은 극단은 독립적인 연행이 어려워졌다. 민족으로 분류하면 한족(漢族), 묘족(苗族), 동족(侗族), 백족(白族), 토가족(土家族), 흘료족(仡佬族), 포의족(布依族), 모남족(毛南族) 등에서 나당희가 전해지고 그중 토가족, 흘료족, 한족, 묘족 사이에서 전해지는 것이 보다 많다. 조사자료에 따르면 토가족 나당희는 덕강현이, 흘료족 나당희는 도진흘료족묘족자치현이, 한족 나당희는 미담현이, 묘족 나당희는 송도묘족자치현이, 동족 나당희는 잠공현이, 포의족 나당희는 여파현이, 백족 나당희는 직금현이 대표격이다. 모남족 나당희는 전에 평당현(平塘縣) 일대에서 전해졌으나 지금은 사라지고 없다. 귀주는 역사적으로 형초(荊楚)문화와 파촉(巴蜀)문화의 영향을 많이

받았던 터라 원류를 찾아 올라가면 귀주 나당희가 대략 명대 중기 이후에 호북, 호남, 사천 등지에서 전해진 것임을 알 수 있다.

　(2) 전설과 구현

　민간에서 나당희의 유래에 관한 전설이 많지만 가장 대표적인 것은 다음과 같다. 나공[儺公, 동산성공(東山聖公)]과 나모[儺母, 남산성모(南山聖母)]는 생전에 서로 사랑했지만 반대에 부딪혀 함께 강에 몸을 던졌다. 마침 목동이 강가에서 두 사람의 머리를 주웠는데 대나무에 걸어 동굴에 모셔 놓았다. 그러고는 빙빙 돌며 "소가 농작물을 먹지 않도록 지켜주면 너희들을 공양하지"라고 노래하며 춤추었다. 과연 그 후로 소가 더는 곡식을 먹지 않으니 목동들은 한시름 놓고 온종일 산비탈에서 뛰어놀며 소 때문에 걱정하는 일이 없었다. 어느 해 봄, 온역이 돌아 많은 아이들이 질병에 걸렸는데 어떤 약도 효험이 없었다. 어른들은 도무지 다른 방법이 없어 목동이 하던 것처럼 나공과 나모를 모신 동굴에서 제사를 지내고 여러 가지 발원을 하였다. 며칠이 지나 아이들의 병이 깨끗이 낫자 사람들은 동굴 앞에 제단을 마련하고 춤추고 노래하며 신의 은덕을 기렸다. 마침 태상노군(太上老君)이 지나가다가 연기가 자욱한 것을 보고 촌민으로 분하여 구경하였다. 그는 사람들이 아무런 규칙도 없이 제멋대로 노래하고 춤추는 것을 보고 하늘에서 책 하나를 내려뜨려 나당희의 극본으로 삼게 하였다. 그러던 어느 해 가을, 이번에는 황후와 셋째 공주가 온역에 걸렸다. 백약이 무효하여 뼈만 남았는데 나당희를 연행하니 거짓말처럼 두 사람 모두 나았다. 그리하여 황제가 나공과 나모도 봉신(封神)함으로써 그 후부터 나당희는 모두 신안(神案) 앞에 자리를 펴게 되었다. 무당은 바로 그 위에서 제사 의식을 거행한다.

　나당희는 일반적으로 '충나환원(沖儺還願)' 풍속과 결합하여 연행되며 희극예술로서 단독으로 연행되는 경우는 거의 없다. 충나환원 풍속은 민간에서 오랫동안 전해온 것으로 여기서 '충나'는 질병이나 재난이 있는 집에서 무당을 불러 제사를 지내며 삿된 것과 역신을 물리치는 것이다. '환원'은 충나를 행한 집에서 신령에게 여러 가지 발원을 한 다음, 사후에 나당희를 연행하는 것을 말한다. 이 풍속에 관해서 민간에서는 이와 같은 전설이 전해지고 있다. 하늘이 열리고 6개월이 되자 7일 밤낮으로 큰 눈이 쏟아졌는데 인간세상에서는 많은 사람이 얼어 죽었다. 관세음보살이 보다 못해 동방 태백금

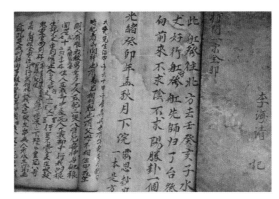

광서(光緒)연간 나당희(儺堂戲) 초본(抄本)[귀주(貴州) 도진(道眞)]

성(太白金星)을 청해 백성을 구원하였다. 그런데 눈이 녹으면서 큰물이 오악묘(五岳廟)를 덮치고 곤륜산(崑崙山)의 침향목(沈香木)마저 떠내려가게 되었다. 침향목이 바다에 떠밀려오자 용왕은 그것을 가져와 해룡문(海龍門)을 만들라 하였다. 그런데 만들자마자 불타 버리는 바람에 용왕은 다시 그것으로 다리가 하나인 침대를 만들게 하였다. 용녀가 그 위에서 잤더니 그만 온역에 걸려 3년 동안 병상에서 일어나지 못하는 것이었다. 용왕이 갖은 방법을 다하였으나 모두 허사였다. 후에 주역문왕(周易文王)이 동전으로 그 원인을 알아냈는데 용왕이 오온신(五瘟神)을 노하게 했으므로 반드시 대나회(人儺會)에서 환원하여야만 병을 고칠 수 있다고 하였다. 하여 용왕은 발원하면서 대나(人儺) 12제(祭), 소나(小儺) 12당(堂), 신희(神戱) 24개, 그 외 흰 닭, 흰 거위, 흰 돼지, 흰 양 등 제물을 약속하였다. 용왕이 약속을 지키니 용녀의 병은 말끔히 나았다. 이는 후에 인간세상에 전해져 사람들은 병이 나거나 자식이 없거나 재난이 닥치는 등 불상사가 있으면 무당을 불러 신을 모시고 귀신을 물러가게 하는 제사를 올렸다. 그리고 사후에 환원함으로써 기복하고 재난을 물리쳤다.

(3) 나당(儺堂) 신안(神案)의 배치

나당희는 '충나환원'을 목적으로 진행된다. 그러므로 삼엄하고 경건한 환경과 분위기를 조성하고 관객들을 신비로운 종교 세계로 끌어들이기 위해 신안을 정성스럽게 꾸민다. 신안은 향안(香案) 또는 조사안(祖師案)이라고도 부르는데 대부분 안채에 배치하나 연희장소에 따라 정원에 배치하기도 한다. 신안의 배치에는 일정한 구도가 있다. 안채 한가운데는 '삼청전(三淸殿)' 또는 '삼보감(三寶龕)'이라 불리는 대나무로 엮은 채색 패방(牌坊)을 배치한다. 삼청전은 옥황전(玉皇殿), 왕모전(王母殿), 노군전(老君殿)으로 나뉘는데 영관전(靈官殿), 원수부(元帥府), 화산궁(華山宮)이라고도 부른다. 패방 앞에 신안 탁자를 배치하고 탁자 위에 나공, 나모의 목조 신상(神像)을 모신다. 모시는 방식은 나단(儺壇)에 따라 다르다. 어떤 곳에서는 큰 사발에 알곡을 가득 채우고 나공, 나모상을 알곡에 꽂고 어떤 곳에서는 나공, 나모에게 옷을 입히기도 한다. 탁자 위에는 그 외에도 영패(令牌), 신괘(神卦), 사도(司刀), 옥인(玉印), 패대(牌帶), 두찰(頭扎), 소뿔, 채찍 등 법기(法器)를 놓는다. 전하는 바에 의하면 법기 대부분은 태상노군이 타던 금각판우(金角板牛)로 만들어졌는데 이를테면 영패는 혀로, 신괘는 발굽으로, 사도는 코뚜레로 만들어졌다

동족(侗族) '희나신(喜儺神)'의 나공(儺公), 나모(儺母)[귀주 잠공(岑鞏)]

고 한다. 탁자 위에는 번단소산(飜壇小山)과 건신대제(健身大帝)의 목
조상이 모셔지기도 한다. 번단소산은 곧 신공표(申公豹)로 오창
신(五猖神)의 제자이기도 하다. 그는 신통력이 대단하고 변신에
능하여 귀신들이 어디에 숨든지 모조리 잡아낼 수 있다고 한
다. 건신대제는 태자(太子)라고도 불리는데 의복을 걸치고 사지
를 움직일 수 있는 나무인형이다. 아이가 없거나 병든 집에서
충나환원할 때는 반드시 건신대제를 탁자 위에 모셔야 한다.
탁자 아래에는 지나소산(地攤小山)과 그의 처의 목조신상을 모시
며 어떤 곳에서는 지나소산이 귀신을 잡을 때 사용할 쇠사슬
도 함께 놓아둔다. 탁자 주위에는 가면, 칼, 창, 활, 검 같은 도
구를 늘어놓는다. 패방 정면과 안채 양쪽 벽에는 약간의 '안
자(案子)'라 불리는 채색그림 족자를 걸어 놓는데 그중에서 가
장 중요한 것은 '삼청도(三淸圖)'와 '사단도(師壇圖)'이다.

삼청도는 종이에 그린 채색그림 족자 세 개를 말하며 족자
마다 주신(主神) 하나와 보조신 여럿이 그려져 있다. 주신에 대
해서는 여러 가지 설이 있는데 옥청원시천존(玉淸元始天尊)·상청
령보천존(上淸靈寶天尊)·태청도덕천존(太淸道德天尊) 또는 공자·노
자·석가모니라 한다. 주신 외에 삼청도에는 백여 명의 신들
이 있으며 나단마다 모시는 신이 다르다. 주요한 신으로는 옥
황대제(玉皇大帝), 중천성주(中天星王), 태백금성(太白金星), 남극선옹(南極
仙翁), 삼원반고(三元盤古), 병령후왕(炳靈侯王), 진무조사(眞武祖師), 오악
대제(五岳大帝), 오명황후(五明皇后), 동산성공(東山聖公), 남산성모(南山聖母),
왕령관(王靈官), 마원수(馬元帥), 십이전염군(十二殿閻君), 십이화원저매
(十二花園姐妹), 뇌공(雷公), 풍백(風伯), 좌부(左簿), 우판(右判), 성황(城隍), 오
창(五猖) 등이 있다. 신 가운데는 도교, 불교, 무속 신들이 혼재
하지만 무당들은 그들이 어디에 속하는지 크게 신경 쓰지 않
는다. 자신이 행하는 법사(法事)의 위력을 높이고 관객들의 신
뢰를 얻는다면 누구든지 모두 나당에 모셔 제사를 지내는데
이는 민간 종교신앙에서의 실용주의와 다원화 특징을 반영
한다.

사단도는 역대 조사(祖師)들의 신위도(神立圖)로 역대 조사의
신상(神像), 나희 장면 외에 본 나단 역대 조사들의 승계표가 상
세하게 적혀 있다. 나당희는 일반적으로 도제(徒弟)식으로 전
수되는 것이라 사제관계가 대단히 엄격하며 제자는 사부, 조
사에 대해 무척 존경한다. 연희를 시작하기 전에 무당은 손을
깨끗이 하고 종이를 태우고 폭죽을 터뜨려 역대 조사들의 제
사를 지낸다. 이를 통해 조사에게 연희가 순조롭게 진행되기
를, 그리고 연희 중의 실수를 용서해 주기를 빈다. 연희가 끝

나공(儺公), 나모(儺母), 삼청도(三淸圖)가 모셔진 신안(神案)[귀주(貴州) 덕강(德江)]

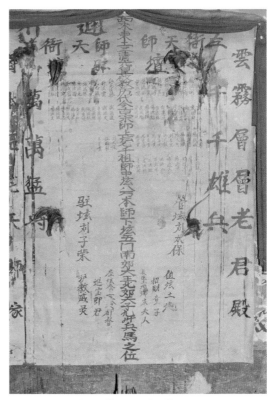

닭털이 붙은 사단도(師壇圖)[귀주 미담(湄潭)]

나면 사단도 앞에서 감사의식을 행한다. 의뢰인이 닭을 공양하면 닭털 몇 개를 뽑아 그림에 붙이는 것으로 조사에 대한 감사의 뜻을 표한다. 과거에 한 개 현에 몇십, 몇백 개의 나희 극단이 있었는데 치열한 경쟁 속에서 사단도는 가장 좋은 홍보수단이 되어 주었다. 사단도에 유명 조사가 있는지, 개단조사(開壇祖師)에서 지금까지 몇 대째인지는 모두 극단의 명성에 직접적인 영향을 미친다. 그러므로 사단도는 극단의 가보로서 무당들에 의해 대대로 전하여졌으며 나당희의 역사와 유파 연구에 중요한 자료가 된다.

(4) 법사(法事)와 연행

나당희(儺堂戱)는 내단(內壇)과 외단(外壇)으로 구성되었는데 내단에서는 충나환원을 위한 각종 법사를 행하고 외단에서는 신과 사람들을 즐겁게 하기 위한 작품을 연행한다. 각 지역의 법사는 명칭, 순서, 내용 등이 모두 대동소이하다. 법사 시간은 의뢰인이 지불한 금액에 따라 결정되는데 짧으면 하루 밤낮, 길면 삼 일 이상, 가장 긴 경우 보름 동안 이어진다. 미담현(湄潭縣)에서 하루 밤낮의 법사는 도합 열두 마당으로 개단(開壇), 신문(申文), 입루(立樓), 청신하마(請神下馬), 타하마괘(打下馬卦), 영생(領牲), 상숙(上熟), 발병(發兵), 초혼(招魂), 점등(占燈), 조선(造船), 송신(送神) 순이다. 도진흘료족묘족(道眞仡佬族苗族)자치현의 성대한 법사는 스물세 마당을 행하는데 개단, 신문, 포공조(跑公曹), 입루찰채(立樓扎寨), 영교(迎橋), 교표합회(交標合會), 포나(抛儺), 개동(開洞), 타동(打洞), 영관진대(靈官鎭臺), 주진(走陣), 출신(出神), 화상검재(和尙檢齋), 차병발표(差兵發票), 병령영생(柄靈領牲), 산왕도(山王圖), 최원탁원(催願拆願), 회숙(回熟), 장군통병(將軍統兵), 양관(禳關), 구원(勾願), 조선권모(造船權芧), 유나송성(游儺送聖) 순이다. 이렇게 많은 법사를 행하는 목적은 두 가지로 하나는 하늘의 신선을 모두 불러 나당의 제물을 바치는 동시에 환원하였음을 증명해 달라는 것이고 다른 하나는 각종 귀신, 질병, 재난을 물리치고 의뢰인의 부귀, 길상, 평안을 비는 것이다. 무당은 법사를 행할 때 관을 쓰고 법의(法衣)를 입으며 어깨에 패대(牌帶)를 걸친 채 노래하고 춤춘다. 때로는 우각(牛角. 중국 소수민족의 악기)을 불고 대나무 점을 치거나 때로는 영패(令牌)를 두드리고 사도(司刀)를 휘두르며 사이사이에 '결법(訣法)'을 짜거나 '자회(字諱)'를 그리거나 '우보(禹步)'를 걷거나 주문을 외는 등 각종 신비로운 동작을 곁들인다. 현혹성을 띤 이러한 동작들은 손쉽게 관객들을 음침하고 무서운 귀신세계로 빠져들게 한다. 상술한 법사 외에도 관객들의 눈

길을 끌고 법력을 보여주기 위해 무당들은 칼산에 오르기, 불구덩이 뛰어들기, 기름가마에서 물건 꺼내기, 뜨거운 보습 입에 물기, 정계(定鷄, 주술로 닭을 움직이지 못하게 하는 것), 벽추(劈推) 등 여러 가지 나기(儺技)를 선보인다. 위험하고 자극적인 이러한 나기의 일부는 기공(氣功)이나 마술에 속하며 일부는 아직도 풀리지 않은 수수께끼이다.

이상 법사가 모두 끝나면 곧이어 외단 연희가 시작된다. 외단 연희는 반드시 가면을 써야 하며 법사와 번갈아 진행된다. 전하는 바에 의하면 가면은 도원(桃園)의 상·중·하 동굴 안에 보관하며 첨각장군(尖角將軍)이 열쇠를 관리하는 당씨태파(唐氏太婆, 일부 지역에서는 장씨태파(將氏太婆)와 대씨태파(戴氏太婆)가 더 있다)를 불러 자물쇠를 열고 24개 신희(神戲)를 나타내는 가면 24개를 꺼내야만 연희를 시작할 수 있다고 한다. 외단 연희는 내용과 성격에 따라 정희(正戲)와 삽희(揷戲)로 나눌 수 있다. 정희는 도원 세 동굴에서 가지고 나온 24개 신희로 다시 반당희(半堂戲)와 전당희(全堂戲)로 나눌 수 있는데 반당희는 12개 작품이고 전당희는 24개이다. 사남(思南), 덕강(德江) 등 현은 정희의 작품이 잘 보존되어 있으나 대부분 지역은 다수가 사라져 24개가 되지 않는다.

나당 정희에 나오는 인물은 3~7인으로 줄거리가 대부분 간단하고 형식은 투박한 편이며 희극요소의 일부만 있어 완전한 희극이라 말하기 어렵다. 그중 많은 작품이 직접 신을 모시고 환원하는 것으로 극중에 제사가 섞여 있어 나의(儺義)에서 나희(儺戲)로 넘어가는 과도기의 흔적을 엿볼 수 있다. 예를 들어 「개로장군(開路將軍)」은 개로장군이 나공(儺公), 나모(儺母)의 명을 받들어 나당에 가서 악귀를 물리쳐 여러 신선들을 나당까지 무사히 모신다는 줄거리이다. 개로장군의 모습에서 나의의 중심인물인 방상시의 그림자가 느껴진다. 「구부판관(勾簿判官)」에서는 판관이 화산(華山)에서 말을 타고 나당에 이르러 한 손에는 붉은 도장을, 다른 한 손에는 붓을 들고 여러 신선들의 출석을 관리한다는 줄거리이다. 연희 가운데 재밌는 볼거리와 판관이 관객을 위해 안건을 처리하는 줄거리를 삽입하지만 기본 내용은 여전히 충나환원의 주제를 다룬다. 이것은 나당 정희가 종교적 성격에서 벗어나 완전한 희극예술로 탈바꿈하기까지 아직 갈 길이 멀다는 것을 말해 준다. 나당의 삽희에서는 종교적 색채가 완전히 사라지고 아름답고 감동적인 이야기가 빛을 발하게 된다. 삽희는 정희 사이에 행하는 극으로 사희(耍戲), 잡희(雜戲), 화화희(花花戲)라고도 한다. 삽희는 일상생활을 제재로 하고 극중 인물도 나당의 신선이 아니

나기(儺技)-칼산에 오르기[귀주(貴州) 덕강(德江)]

나기-불바다에 뛰어들기[귀주 잠공(岑鞏)]

나기-뜨거운 보습 입에 물기[귀주 도진(道眞)]

나당(儺堂) 정희(正戱) 「구부판관(句簿判官)」(귀주 덕강)

나당 삽희(揷戱) 「장(張)씨네 아들이 물고기를 낚다」[귀주 미담(湄潭)]

라 일반인들로 농민, 어부, 상인, 재봉사, 매파, 부자 등이다. 삽희의 우수한 작품으로는 「곽(郭)씨네 막내가 아내를 빌려 처가에 가다」,「소달저(蘇妲姐)가 혼처를 고르다」,「장(張)씨네 아들이 물고기를 낚다」,「나무통을 심문하다」,「바보가 장보러 가다」등이 있다. 해당 작품은 모두 줄거리가 생동감 있고 대사가 해학적이며 오락성이 강하고 세속적인 색채도 짙다.

(5) 가면의 분포와 배역

나당희 가면은 귀주성에서 가장 넓게 분포하고 남아 있는 종류도 가장 많다. 1940년대, 귀주성에는 나당희가 2천 마당 이상 있었는데 평균적으로 한 마당에 10개 가면을 쓴다고 하면 전체적으로 약 2만 개 정도의 가면이 있었을 것이다. 이러한 가면은 일부 명대(明代)의 것을 제외하고 대부분 청대(淸代), 중화민국 시기의 것으로 역사적·예술적 가치가 크다. 1940년대 이후 나당희는 봉건 미신활동으로 분류되어 금지되었으며 문화대혁명(文化大革命) 기간에는 '4구(四舊, 낡은 사상, 낡은 문화, 낡은 풍속, 낡은 습관)'에 속한다 하여 일소되기도 하였다. 현재 남은 것은 얼마 되지 않으며 그중 대부분은 동굴이나 땅속에 감추어 보관했던 것이다. 통계에 따르면 덕강현(德江縣)이 640여 개로 귀주성에서 수량이 가장 많으며, 도진흘료족묘족자치현이 약 300개를 보유하고 있다. 기타 현, 시의 보유량은 정확하게 통계되지 않았으나 대략 10여 개에서 백여 개로 보이며 귀주성 전체에는 대략 2,000개 이상의 가면이 있을 것으로 추정된다. 이런 가면에는 선조의 지혜와 심혈이 깃들어 있는 만큼 관련 기관의 보존 노력이 필요하다.

민간에서는 '반당희는 12개 가면이고 전당희는 24개 가면'이란 말이 있지만 사실상 각 극단의 가면은 24개 이상이거나 12개 이하일 경우가 더 많다. 또한 가면 배역도 지역과 극단에 따라 차이가 있다. 귀주 각지의 나당희 가면은 중복되는 것을 제외하고 대략 50~60개 배역으로 남녀노소, 문관, 무장, 귀신, 신선, 승려, 도사, 꼭두각시, 동물 등이 있다. 배역의 성격과 가면조형에 따라 대체적으로 정신(正神), 흉신(凶神), 세속 인물로 나눌 수 있다. 아래에서는 주요 배역에 대해 소개하였다.

1) 당씨태파(唐氏太婆)

당씨선낭(唐氏仙娘)이라고도 부르는데 일부 나단에서는 당씨태파와 당씨선낭이 다른 사람이다. 못생긴 외모 때문에 남편에게 버림받은 그녀를 옥황상제가 거두고 도원 동굴의 열쇠를 맡겼다. 정희「개동(開洞)」의 주요 인물이기도 하다. 가면은 노단(老旦) 형상으로 자애로운 모습에 이마에 주름이 가득하다. 또한 이가 듬성듬성하고 머리는 쪽을 지었다.

2) 선봉소저(先鋒小姐)

선봉소저(仙鋒小姐)라고도 하는데 본명은 최량옥(崔良玉)이다. 어려서부터 부모의 손에 이끌려 옥황문(玉皇門)으로 출가하였다. 성인이 되어 나신(儺神)에 봉해졌으며 나당에서 발원·환원을 관리한다. 정희「무선봉(武先鋒)」의 주요 인물이다. 가면은 화단(花旦) 형상으로 통통한 얼굴에 버들잎같이 휘어진 눈썹, 가느다란 눈, 앵두 같은 입에 봉관(鳳冠)을 썼다.

선봉소저(先鋒小姐) 가면[귀주(貴州) 도진(道眞)]

3) 감생팔랑(甘生八郎)

줄여서 감생이라 하거나 간생(干生)이라고도 부른다. 호남(湖南)과 광서(廣西)에 걸쳐 있는 소감촌(小甘村) 사람으로 출가, 득도하여 나당의 신선이 되었다. 의뢰인의 제물을 판별하며 정희「감생이 과거를 보러 가다」의 주요 인물이다. 가면은 고상하고 예의 바른 젊은 남자의 형상으로 오관이 단정하고 귀가 크며 관모(冠帽)를 썼다.

4) 입비뚤이 진동(秦童)

줄여서 진동이라 부르며 금동(琴童) 또는 근동(勤童)이라고도 부른다. 옥황상제의 아들로 못생긴 외모 때문에 남천문(南天門)에 내쳐졌고 태상노군(太上老君)이 구해 인간세상의 진(秦)씨네 아들로 자라게 하였다. 마음씨가 고와 태상노군에 의해 나신에 봉해졌으며 정희「감생이 과거를 보러 가다」에서 감생을 위해 짐을 지는 역할을 한다. 가면은 꼭두각시 형상이다. 비뚤어진 눈썹과 눈, 벌어진 입에 툭 튀어나온 이를 가지고 상투를 비스듬히 튼 우스꽝스러운 모습이다.

입비뚤이 진동(秦童) 가면(귀주 도진)

5) 개산맹장(開山猛將)

개산망장(開山莽將)이라고도 부르며 줄여서 개산이라고도 한다. 나당희 중에서 가장 용맹한 신선 중 하나로 정희「개산맹장」에 등장한다. 손에 금도끼를 들고 사악한 귀신을 무찔러 혼백을 되찾아준다. 가면은 머리에 뿔 두 개가 나고 타오르는 불길 같은 눈썹에, 불거져 나온 눈, 입 밖에 드러난 뾰족한 이를 가졌다. 용맹하고 생동감이 있어 보인다.

6) 개로장군(開路將軍)

개로선봉(開路先鋒)이라고도 부르며 나당희의 선도신(先導神) 또는 험도신(險道神)이다. 산을 만나면 산을 깎아 길을 내고 물을 만나면 다리를 놓아 길을 만들며 온갖 잡귀를 몰아내는 것이 고대의 방상시와 비슷하다. 나당희 중에는 신병(神兵)과 신장

개산맹장(開山猛將) 가면[귀주 연하(沿河)]

왕령관(王靈官) 가면[귀주 동인(銅仁)]

구부판관(句簿判官) 가면(귀주 도진)

(神將)을 이끌고 나당에 출입하는 압병선사(押兵仙師)가 있는데 그 형상은 개로장군과 비슷하며 서로 통용되기도 한다.

7) 영관(靈官)

즉, 왕령관(王靈官)으로 본명은 왕선(王善)이며 송대(宋代) 방사(方士)이다. 화술(火術)을 익혔으며 사후에 옥황상제가 '옥추화부천장(玉樞火府天將)'으로 봉하여 도교의 호법신이 되었다. 나당에 함부로 들어온 잡귀를 찾아내어 잡는 역할을 한다. 가면은 용맹한 모습으로 검붉은 얼굴에 도관(道冠)을 썼으며 이마 한가운데 혼적안(混赤眼), 즉 '종목(縱目)'이 있다.

8) 구부판관(句簿判官)

구원판관(句願判官)이라고도 부르며 줄여서 판관이라 한다. 염라왕의 보조자로 나당에서는 사람들을 도와 환원하고 악인(惡人)과 사악한 신을 징벌하는 역을 맡는다. 정희「구부판관」의 주요 인물이다. 가면은 위엄 있는 형상으로 예관(禮冠)을 썼다. 눈썹이 불꽃 모양이고 눈이 볼록하게 튀어나왔으며 송곳니가 밖으로 드러난 것이 공평무사한 모습이다.

9) 오창(五猖)

오로창신(五路猖神) 또는 오창병마(五猖兵馬)라고도 부르며 나당에서 죽음의 신이다. 저승의 병마를 관리하며 의뢰인을 위해 온역과 귀신을 물리치고 혼백을 되찾아주는 일을 한다. 가면은 용맹하고 사나운 형상이다. 검붉은 얼굴빛에 짙은 눈썹, 둥그런 눈을 가졌으며 벌어진 입 사이로 이를 드러내고 있다. 불의를 참지 못하는 성격이 생동감 있게 표현되었다.

10) 관성제군(關聖帝君)

관공(關公), 관야(關爺)라 줄여 부르며 삼국시대 유비(劉備) 수하의 장수 관우(關羽)를 가리킨다. 민간에서는 관우를 무신(武神)이자 재물신으로 높이 모신다. 정희「관우가 채양(蔡陽)을 베다」는 관우가 고성(古城)에서 조조(曹操) 휘하의 장군 채양을 벤 이야기이다. 관우가면은 투구를 쓰고 대춧빛 얼굴에 굵은 눈썹, 가늘고 긴 눈을 가지고 아름다운 수염을 휘날리는 모습으로 『삼국연의(三國演義)』에서의 묘사와 똑같다.

11) 이랑신(二郎神)

줄여서 이랑이라고도 부르며 그의 출신에 대해 민간에는 두 가지 설이 존재한다. 하나는 백성을 위해 도강언(都江堰)을 건축하였던 진(秦)나라 촉군(蜀郡) 태수 이빙(李氷) 부자라는 설이고 다른 하나는 백성을 위해 교룡(蛟龍)을 죽인 수(隋)나라 가주(嘉州) 태수 조욱(趙昱)이라는 설이다. 정희「이랑이 집액막이를 두다」는 이랑신에 관한 이야기이다. 가면은 흥신의 형상으로 두드러진 특징으로는 관모를 쓰고 이마 한가운데 혼적안이 있다.

12) 병령태자(炳靈太子)

병령후왕(炳靈侯王)이라고도 하며 줄여서 병령이라 부른다. 본명은 황천화(黃天化)로 청허도인(淸虛道人)의 제자이다. 상·주(商·周) 전쟁에서 여러 번 무왕(武王)을 도와 주(紂)를 정벌하였다. 그러던 중 고계능(高繼能)의 태양신침(太陽神針)에 목숨을 잃고 봉신방(封神榜)에 오르게 된다. 병령은 나당에서 낮에는 생사부(生死簿)를 관리하고 밤에는 영혼을 관리하는 동시에 의뢰인을 위해 발원, 환원하며 제물도 판별한다. 가면은 젊은 남자 형상으로 감생 가면과 비슷하다. 이 가면은 검북(黔北)지역에만 전해지고 있다.

13) 한조장군(漢朝將軍)

하늘의 창포성(昌蒲星)이라 전해지며 일설에는 유방(劉邦) 수하의 장군 번쾌(樊噲)라고도 한다. 법사 「병사를 이끌고 산으로 돌아가다」에서 나오는 인물로 저승 병사들이 영혼을 본인에게 돌려주었는지 감독하는 역할을 한다. 가면은 용맹한 무장(武將)의 형상으로 곧추 선 눈썹과 부릅뜬 눈, 커다란 코와 입을 가졌으며 투구를 쓴 것이 가장 눈에 띈다. 이 가면 역시 검북지역에만 있다.

14) 산왕천자(山王天子)

산왕 또는 삼왕(三王)이라고도 부른다. 반고왕(盤古王)의 화신으로 법사 「산왕이 혼을 취하다」에 등장하며 의뢰인이 넋이 나가 저승병사가 혼을 취할 수 없을 경우 산왕을 청하여 취한다고 한다. 산왕은 정희 「산왕도(山王圖)」에도 등장하는데 이 극의 줄거리는 개산맹장과 비슷하다. 가면은 용머리 모양으로 양쪽 귀에 포이신(抱耳神)이 새겨져 있고 눈과 턱을 움직일 수 있다. 이 가면도 검북지역에서만 볼 수 있다.

15) 이룡규화(李龍叫化)

이룡이라고도 한다. 본래 거지로 누더기를 걸친 채 한 손에는 몽둥이를, 다른 한 손에는 바가지를 들고 길거리에서 비럭질하던 인물이다. 옥황상제가 마음씨 고운 것을 알고 나신으로 봉하여 의뢰인을 대신하여 재난을 물리치게 하였다. 정희 「이룡」의 주요 인물이기도 하다. 가면은 둥그런 얼굴에 큰 귀를 하고 미소를 띤 자애로운 모습으로 전형적인 정신(正神)의 모습이다.

16) 요아식부(幺兒媳婦)

정희 「개산맹장」에 나오는 인물이다. 개산맹장은 새우가

병령태자(炳靈太子) 가면[귀주(貴州) 도진(道眞)]

산왕천자(山王天子) 가면(귀주 도진)

토지신 가면(귀주 도진)

금도끼를 물어 손상되자 국공노사(鞠公老師)와 요아식부를 청하여 수리를 맡긴다. 이에 세 사람은 생동감 있고 유머러스한 장면을 연출한다. 가면은 여성의 형상으로 쌍계(雙髻)를 짓고 수려한 외모를 가진 것이 젊은 부녀를 닮았다.

17) 토지신(土地神)

속칭 토지공(土地公), 토지야(土地爺)라고도 불리며 줄여서 토지라고 부르는, 한 지역을 관리하는 작은 신이다. 나당희에서는 맡은 임무에 따라 인병(引兵)토지, 양산(梁山)토지, 당방(當坊)토지, 청묘(青苗)토지, 교량토지 등 여러 토지신이 있다. 토지신은 자애롭고 온화하며 유머러스한 노인으로 복과 상서로움을 가져오고 삿된 것을 물리치며 장수를 가져다주는 역할을 한다.

18) 구주화상(九州和尚)

소화상(笑和尚)이라고도 하며 줄여서 화상이라고 한다. 「화상이 시주를 시험하다」라는 법사에 등장하며 주요 임무는 충나(沖儺)하는 집주인이 성심성의껏 하는지, 심성이 어떤지, 법사를 위한 사전준비가 제대로 되었는지를 검사한다. 가면은 까까머리에 둥그런 얼굴을 하고 커다란 귀와 입, 둥근 눈썹에 웃는 눈을 가졌다. 이마에는 혹이 나 있는데 속칭 '복포(福包)'라 한다.

19) 연로구(攆路狗)

진동(秦童)의 동생으로 전해진다. 진동이 병령태자를 위해 짐을 지고 과거 보러 가는 동안 연로구는 날마다 홀로 남겨진 진동의 처 도관왕모(度關王母)를 따라다닌다. 그러면서 "풀이 나지 않는 밭두렁이 없고, 형수를 따라다니지 않는 시동생이 없다네"라고 노래한다. 극중에서는 익살스러운 꼭두각시 역할을 한다. 가면의 가장 뚜렷한 특징은 아래턱이 없는 반쪽 가면이란 것이다. 이 역시 검북지역에서만 전해지고 있다.

20) 얼룡(孽龍)

얼룡은 원래 어느 가난한 집의 아들로 지주를 위해 나무를 하고 풀을 베는 일을 하였다. 하루는 풀을 베다가 야명주(夜明珠)를 얻게 되었는데 지주가 이를 알고 내놓으라고 야단쳤다. 입에 넣어 감추다가 그만 삼키게 되었고 갑자기 갈증을 참지 못해 강에 뛰어들어 물을 들이키다가 용으로 변하게 되었다. 자주 파도를 일으켜 해마다 수재가 들게 하므로 이빙이 도강언을 구축하면서 잡아들였다. 그 후 병령이 자기의 탈것으로 거두었다. 가면의 특징은 이마에 뿔 두 개가 나고 송곳니를 드러낸 용머리의 모습으로 눈과 턱이 움직인다. 이 가면은 검북지역에서만 볼 수 있다.

얼룡(孽龍) 가면(귀주 도진)

21) 도관왕모(度關王母)

전하는 바에 의하면 병령태자의 누이동생으로 진동에게 시집갔으며 나당에서는 기복과 아이를 가져다주는 임무를 맡았다. 검동(黔東)지역에서는 진동의 처를 진동낭자라 부르는데 생김새가 볼품없어 사팔눈에 벌어진 입이며 쪽은 기울어졌다. 그러나 도관왕모는 수려하고 기품 있으며 선봉소저와 비슷한 모습이다. 도관왕모 가면 역시 검북지역에만 전해진다.

22) 유의(柳毅)

정희「유의가 편지를 전하다」의 주요 인물이다. 전하는 바에 의하면 유의는 당대(唐代) 사람으로 18세에 과거를 보았으나 낙방한다. 집으로 돌아오던 중 강가에서 김(金) 씨에게 시집가 온갖 학대를 받던 용녀를 만나게 된다. 용녀는 그에게 아버지인 동해용왕에게 편지를 전해 달라고 부탁한다. 편지를 받아 본 용왕은 동정호(洞庭湖)의 셋째 아들을 보내 용녀를 구한다. 용녀는 목숨을 구해준 은혜를 갚기 위해 유의와 부부의 연을 맺는다. 유의 가면은 젊은 남자 형상으로 외모가 수려하며 기다란 귀에 두툼한 턱을 가졌다.

유의(柳毅) 가면[귀주(貴州) 덕강(德江)]

상술한 배역 외에도 나당희 가면에서 흔히 보이는 배역으로는 문왕괘사(文王卦師), 첨각장군(尖角將軍), 지반(地盤), 종규(鍾馗), 양사(楊四), 토지파(土地婆), 진동낭자(秦童娘子), 장비(張飛), 주창(周倉), 채양(蔡陽), 안안(安安), 추고파(秋姑婆), 매향(梅香), 용녀(龍女), 용삼(龍三), 보부삼랑(報符三郎), 국공노사(鞠公老師), 당이(唐二), 도사(道士), 소귀(小鬼), 우두(牛頭), 마면(馬面) 등이 있다.

나당희 가면은 대부분 사람 얼굴 크기지만, 보다 크거나 작은 것도 있다. 착용할 때는 길이 1장, 너비 1척 남짓한 하얀 천(일부의 경우 검은 천 또는 붉은 천)으로 가면 가장자리를 따라 정수리에서 턱까지 감싸고 뒤통수에서 매듭짓는다. 민간에서는 평범한 태(胎)를 감싸 신의 상(相)을 드러낸다 하여 '포태포(包胎布)'라 부르지만 실제로는 연기자의 뺨이 가면에 긁히는 것을 방지하기 위한 것이다.

첨각장군(尖角將軍) 가면[귀주 연하(沿河)]

(6) 제작기법 및 예술풍격

1) 제작기법

나당희(儺堂戲) 가면은 일반적으로 나단(儺壇)의 조법사(馬呪大師)가 제작한다. 나단은 소형 극단인 동시에 무속과 도교가 어우러진 종교조직으로 매 나단은 일곱 명에서 십여 명으로 구성된다. 맡은 역할에 따라 나단에는 장단사(掌壇師), 보거사(保擧師), 인

조각 전 제사의식(귀주 덕강)

조각 중인 나당희(儺堂戲) 가면(귀주 덕강)

견사(引見師), 봉패사(封牌師), 예록사(禮錄師), 조법사 등 여러 직이 있다. 조법사는 가면과 여러 가지 도구를 제작하는 직으로 회화, 조각 실력이 탄탄한 구성원이 담당한다. 가면의 제작기법은 대동소이해 대체로 다음과 같은 절차를 거친다.

① 재료 선정

나당희 가면 재료는 신중히 선택하는데 전에는 종교적인 이유로 대부분 벽사(辟邪)의 기능이 있는 버드나무와 복숭아나무를 사용하였다. 지금은 목질이 가벼우면서도 쉽게 갈라지지 않는 백양목(白楊木) 또는 목질이 부드러워 조각하기 쉬운 측백나무를 사용한다. 나당희의 배역 대부분이 신의 화신이므로 가면의 제작과정마저 신비로운 색채를 띠게 된다. 옛날에는 조법사가 나무를 고른 후 '신수(神樹)' 앞에서 초를 밝히고 향을 피워 제사를 지낸 다음에야 집으로 가져올 수 있었다. 집에 가져온 목재는 통풍이 잘 되는 그늘진 곳에서 열흘에서 보름 정도 말려 사용했다. 조각하기 전에 먼저 제사(祭師) 의식을 거행하는데 이는 조사(祖師)들의 은덕을 기리고 조각이 순조롭게 진행되도록 비는 것이다.

② 조각

촬태길(撮泰吉) 가면에 비해 나당희 가면은 상대적으로 정교한 편이다. 이는 첫째, 조법사 대부분이 체계적인 훈련을 받아 조각솜씨가 뛰어났기 때문이며, 둘째, 나당희 가면은 배역이 많고 신분이 다양하기 때문에 각자의 외모, 성격 등을 나타내려면 반드시 섬세하게 표현해야 하기 때문이다. 조각할 때 대부분 표본이 있기 때문에 솜씨가 뛰어난 장인은 한 치의 오차 없이 그대로 모사할 수가 있다. 그중 일부는 표본에 얽매이지 않고 자유롭게 새로운 가면을 만들어내기도 한다. 그렇기 때문에 동일한 배역이라 하더라도 가면마다 각자의 개성을 지니고 있다. 일반적인 나당희 가면의 조각은 두 단계를 거친다. 첫 단계는 가면의 대략적인 윤곽을 조각하는 것으로 이 단계에서는 가면의 구조가 균형적이고 비율이 정확해야 하며 오관이 대략적으로 나타나야 한다. 두 번째 단계에서는 오관, 관모, 머리 등을 섬세하게 표현함으로써 배역의 표정과 성격 등이 생생하게 전해져야 한다. 일부 특별한 가면의 경우 별도의 가공이 필요한데 이에 대해서는 뒷부분에서 상세하게 서술할 것이다. 조각이 끝나면 자기조각으로 칼자국을 긁어내고 사포로 문질러 반질반질하게 만든다. 사포가 없었을 때는 가는 모래로 문지르기도 하였다. 가면이 좀먹고 갈라지는 것을 방지하고 내구성을 높이기 위해 일부 장인들은 가면을 오동나무 기름에 넣어 끓이기도 한다. 이 경우 기름의 온도와 시간이 적당해야 하며 가면 표면이 살짝 노란빛을 띠면 건져낸다.

③ 착색

나당희 가면의 착색은 담채(淡彩)와 중채(重彩)로 나뉜다. 담채는 대부분 황갈색, 황토색, 검은색을 주로 하여 황갈색과 황토색으로 얼굴을 칠하고 검은색은 관모, 머리를 칠하는 외에 눈, 눈썹을 그리는 데 사용한다. 그 밖에 가면 전체를 한 가지 색상으로 칠하는 경우도 있다. 착색한 후 오동나무 기름을 고르게 몇 번 칠해주면 가면이 빛이 날뿐더러 쉽게 퇴색하는 것을 막을 수 있다. 중채는 먼저 빨강, 파랑, 노랑, 초록, 검정 등 색상으로 가면의 윤곽을 대략적으로 그린 다음 다시 관모 위의 용봉(龍鳳), 화초, 구름 등 무늬를 가는 붓으로 섬세하게 그린다. 현존하는 오래된 나당희 가면은 대부분이 담채이고 중채는 적은 편이다. 이는 옛날에는 민간에 유색 물감이 적어 대부분 수제 물감과 오동나무 기름을 사용했기 때문이다. 이는 실제로 편리하면서 경제적이다. 착색한 다음 일부 배역, 예를 들어 토지신, 판관 같은 경우에는 수염을 붙여야 한다. 나당희 가면 가운데서 수염을 붙여야 하는 배역이 적으므로 상세한 설명은 생략한다.

④ 개광(開光)

착색하고 수염을 붙이면 제작과정은 끝난다. 그러나 나당교의(儺堂敎儀)에서 이 가면은 아직 연희에 사용할 수 없다. 반드시 영성(靈性)과 신성(神性)을 부여하는 개광의식을 통해 평범한 나무인형에서 신의 화신이자 매개체로의 전환을 거쳐야만 한다. 이렇게 해야만 진정한 의미에서의 '나당희 가면'으로 거듭나 연희 중 재난을 몰아내고 상서로움을 불러오는 기능을 발휘할 수 있다. 개광의식은 장단사가 진행하며 장소는 장단사 집에 설치된 사단(師壇) 앞이다. 사단 앞 탁자 위에 향, 초, 제물 및 조법사가 새로 조각한 가면을 일정한 순서에 따라 놓아두는데 개산맹장, 구부판관, 선봉소저, 당씨태파 등 주요 배역의 가면을 눈에 띄는 앞쪽 위치에 놓는다. 의식에서 장단사는 먼저 '안사(安師)', '청성(請聖)' 절차를 거쳐 조사와 신의 허락을 받은 후 촛불을 들고 개광사(開光詞)를 읊는다. 나단마다 개광사는 비슷한데 대략적으로 "반 자 길이 붉은 초 한 쌍, 밤낮으로 밝은 빛 뿜네. 제자는 이를 삼가 신명(神明)에 바치며, 제자는 이로 개광하나이다……"이다. 장단사는 가면의 머리, 얼굴, 눈썹, 눈, 귀, 코, 입 각 부위를 따로따로 개광해야 하며

착색 전의 나당희(儺堂戲) 가면[귀주(貴州) 덕강(德江)]

착색 중인 나당희 가면(귀주 덕강)

해당 부분에 촛불을 비추고 관련된 개광사를 읊는다. 이를테면 "머리를 개광하니 머리의 자색 기운이 빛을 뿜네. 얼굴을 개광하니 얼굴이 발그레해지고 기쁨이 넘치네. 눈썹을 개광하니 눈썹이 팔자로 번듯하네. 눈을 개광하니 두 눈이 해와 달같이 오래간다네" 등등이다. 일부 장단사는 손으로 허공에 부호를 그리기도 한다. 의식이 끝나면 장단사는 종이를 태우고 술을 부어 신에게 제를 올린다. 개광을 거친 가면은 영성을 지닌 신으로 여겨 광주리에 넣어 두거나 신감(神龕) 앞에 모셔 두고 연희할 때 사용한다.

2) 예술풍격

나당희 가면은 귀주성에서 가장 많이 전해지는 가면 종류로 수십 개 현, 십여 개 민족에 분포되어 있다. 지역이나 민족마다 나당희 가면은 다소 차이가 있지만 모두 나당신의 화신으로 '충나환원'을 위해 사용되는 도구이다. 이러한 속성 때문에 나당희 가면은 아래와 같은 예술풍격을 띤다.

① 조형

나당희는 두 가지 목적을 위해 연희된다. 그중 하나는 잡귀와 역신을 물리치는 것이고 다른 하나는 신과 사람을 즐겁게 하기 위한 것이다. 이러한 원인으로 나당희 및 그 가면은 신성(神性)과 세속성을 동시에 갖게 된다. 귀신과 온역을 물리치기 위해 개산맹장(開山猛將), 구부판관(勾簿判官), 이랑신(二郞神) 등 흉신(凶神)가면은 타오르는 불길 같은 눈썹, 툭 불거진 두 눈, 큰 코, 커다란 입 그리고 톱날같이 예리한 송곳니를 가진 형상으로 표현된다. 어떤 것은 머리에 뾰족한 뿔이 나거나 이마 한가운데 혼적안이 나 있는 것도 있다. 이렇게 용맹하고 사납게 표현해야만 나당을 지킬 수 있고 귀신들이 보기만 해도 무서워할 것이라고 믿기 때문이다. 이는 나당희 가면의 신성을 나타낸 것이다. 한편 나당에 즐겁고 활발한 분위기를 띄워 신을 기쁘게 하고 관객의 이목을 끌기 위해 선봉소저(先鋒小姐), 당씨태파(唐氏太婆), 감생팔랑(甘生八郞), 양산토지(梁山土地) 등 정신(正神)의 형상은 수려한 외모에 기다란 귀, 두툼한 턱을 가지고 미소를 띤 온화하고 선량한 모습으로 표현된다. 이들은 신들의 모습이 아닌 실생활에서 늘 볼 수 있는 노인, 소녀, 청년의 모습이기도 하다. 그리고 소수 꼭두각시, 이를테면 입비뚤이 진동(秦童), 연로구(攆路狗) 같은 경우는 비뚤어진 눈과 입 또는 턱이 없는 조형으로, 보기만 해도 웃음이 절로 나는 우스꽝스러운 모습이다. 이는 나당희 가면이 세속성을 가진 일면이다. 나당희 가면의 두 가지 성격 중 신성이 주이고 세속성은 부차적인 것으로 이는 본질적으로 나당희가 종교희극에 속하기 때문이다.

② 기법

나당희 가면의 제작은 단순하지만 초라하지 않고 대범하지만 거칠지 않다. 정교함은 촬태길 가면과 지희 가면 중간 정도이다. 나당희 가면의 기법특징은 일부 특수한 가면 유형과 배역의 제작에서 집중적으로 나타난다. 나당희 가면 중에는 비교적 특별한 가면이 두 개 있는데 하나는 반쪽 가면이고 다른 하나는 눈과 턱을 움직일 수 있는 입체가면이다. 반쪽 가면의 배역에는 연로구, 당이(唐二), 지반화상(地盤和尙) 등이 있고 아래턱이 없는 것이 특징이다. 극중에서는 웃음을 안겨주는 꼭두각시 역을 한다. 제작기법은 일반 가면과 크게 다르지 않으며 단지 턱 부분을 생략한다. 입체가면의 배역으로는 산왕(山王), 얼룡(孽龍), 진동, 영관(靈官), 토지, 이랑신 등이 있으며 눈과 턱을 움직일 수 있다. 이런 가면은 제작이 비교적 복잡한데 눈과 턱을 따로 제작한 후 끈, 철사, 대나무로 가면의 주요 부분과 연결한다. 연희 시에는 연기자가 끈을 입에 물고 눈과 턱을 자유자재로 움직여 현장분위기를 띄운다. 그중 일부 배역, 이를테면 산왕, 얼룡, 영관, 이랑신 등 가면에 용맹스러운 기운을 더하기 위해 반 자 길이의 멧돼지 송곳니를 입에 상감하기도 한다. 특히 산왕 가면에는 두 귀에 포이신(抱耳神)을 조각하여 삼두(三頭)가면이 되게 함으로써 산왕이 반고(盤古)시대의 '삼화신(三化身)'임을 알린다. 이러한 것은 특별한 경우에 속하지만 이로부터 조법사들이 가면을 제작할 때 심혈을 기울였음을 알 수 있다.

③ 색채

나당희 가면의 색채는 중후하고 고졸하며 무게감이 있는 편으로 이는 나당희의 짙은 종교적 색채와 나당의 신비하고 음산한 분위기로 인한 것이다. 옛날, 나당희는 대부분 밤에 연행하였기에 희미한 촛불에 비쳐진 음산한 분위기의 가면은 관객들로 하여금 황홀경 속에서 자신도 모르게 무당의 마력에 빠져들게 하였다. 이 밖에 대부분의 무당은 가면 제작에 드는 돈을 감당하기 어려워 가면을 물려받는 관습이 형성되었고 장단사는 임종 전에 가면을 자신을 이을 제자에게 넘겨주었다. 가면 하나가 일반적으로 몇 대 심지어 십몇 대까지 전해지기 때문에 기나긴 세월의 흔적이 그대로 남게 되었다. 더하여 나당희 가면은 아무리 오랫동안 사용하여도 새로 색을 입히지 않고 그대로 본연의 모습을 유지한다. 이런 연유로

반쪽 가면 연로구(攆路狗)[귀주(貴州) 도진(道眞)]

동안단합(動眼斷頜) 가면 이랑신(二郎神)(귀주 도진)

일부 오래된 나당희 가면은 고색창연한 것이 고대 도자기나 청동기와 마찬가지로 형언할 수 없는 미를 지니게 되었다. 그러므로 나당희 가면의 예술풍격은 괴이함, 소박함, 대범함으로 개괄할 수 있다.

5. 지희(地戱) 및 그 가면

(1) 둔보인(屯堡人)과 지희

지희는 귀주성(貴州省)의 안순(安順), 평패(平壩), 장순(長順), 보정(普定), 진녕(鎭寧), 자운(紫云), 육지(六枝), 수성(水城), 귀양(貴陽) 등 현, 시의 농촌, 특히 안순에서 널리 전해지고 있다. 통계에 의하면 안순에서 지금까지 연행되는 지희는 약 180여 마당으로 '안순지희'라 불리기도 한다. 지희의 흥기는 둔보인과 밀접한 연관이 있다. 둔보인은 '노한인(老漢人)'이라고도 불리는데 귀주성의 토착주민이 아니라 명대(明代)에 강남 일대에서 이주해왔다. 명 홍무(洪武) 14년(1381년), 주원장(朱元璋)은 원(元)왕조의 잔여세력을 없애고 변경을 튼튼히 하기 위해 영천후(潁川侯) 부우덕(傅友德)을 남벌장군으로 임명하여 30만 대군을 거느리고 운남(云南), 귀주성을 원정케 하였다. 전쟁이 끝난 뒤 부우덕은 주원장의 명을 받고 귀주위지휘동지(貴州衛指揮同知) 고성(顧城) 부자를 파견하여 오늘날 안순, 보정, 진녕, 평패, 청진(淸鎭) 일대의 전략적 요충지에 위소(衛所)와 둔보(屯堡)를 설치하고 둔군(屯軍)·둔전(屯田)제도를 실시하게 하였다. 이러한 둔군·둔전의 이주민과 그 후예들이 점차 주위 소수민족이나 후에 이 지역에 옮겨온 한족과도 다른 집단인 둔보인을 이루었다.

둔보인은 일반적으로 성씨나 가족 단위로 집성촌을 이루어 거주한다. 과거에는 족장의 권력이 막대하였는데 부락 내 일체 큰일은 모두 족장이 결정하였다. 둔보인의 신앙은 다원적이면서 잡다한데 공자, 노자, 부처, 관우, 염라대왕, 부엌신 등 유교, 도교, 불교에 상관없이 길상, 평안을 가져다준다고 믿으면 모두 봉안대상이 된다. 그중에서 특히 단신(壇神)숭배와 왕공(汪公)숭배가 성행한다. 둔보인의 가장 눈에 띄는 특징은 부녀자의 복식과 언어이다. 부녀자의 복식은 명대의 유풍을 그대로 지니고 있다. 위에는 가장자리에 파랑, 초록, 검정 등 색상의 선장식을 한, 소매가 널따란 장포를 입고 앞치마를 두르며 허리에 두른 비단 띠는 등 뒤에서 매듭짓는다. 머리는 둥그런 계(髻)를 얹고 흰색 두건을 쓰며 귀에는 은귀걸이를 건다. 처녀의 단장은 기혼여성과 다른데 외태머리를 하고

둔보(屯堡)촌락의 집성촌[귀주 안순(安順)]

명대 복식 유풍을 간직하고 있는 둔보 여인들(귀주 안순)

두건을 쓰지 않는다. 허리띠는 천으로 만들며 역시 등 뒤에서 매듭짓는다. 처녀는 결혼할 때면 얼굴의 솜털을 모두 밀며 눈썹은 가는 버들잎 모양으로 다듬는다. 둔보인의 발음에는 떨림소리와 권설음(卷舌音)이 많은데 이는 조상이 강남(江南)이나 사천(四川)에서 옮겨왔기 때문으로 일부 다른 지역의 방언이 많이 섞여 있다.

지희의 생성연대와 지역에 대한 명확한 기록은 없지만 민간전설 및 실태조사에 따르면 지희의 기원은 강남 나희(儺戲)인 것으로 추정된다. 그러나 오늘날 지희는 강남 나희와는 커다란 차이점이 존재하는데 이는 강남 나희와 귀주의 토착문화가 서로 만나 어우러져 발전한 결과이다. 이 밖에 둔보인의 둔군생활 또한 지희의 형성에 지대한 영향을 미쳤다. 형성된 시기에 관해서는 청대(淸代) 『백묘도(白苗圖)』 중 「토인도귀(土人跳鬼)」로 미루어 보아 늦어도 청대 초기인 것으로 추정된다. 지희란 명칭은 희극무대나 사당이 아니라 부락의 공터에서 연행되었기 때문에 붙여진 이름으로 민간에서는 '도귀' 또는 '도신(跳神)'이라 한다. '지희'란 단어는 도광(道光) 7년(1827년) 『평안현지(平安縣志)·풍속지(風俗志)』에서 최초로 보인다. 여기에서는 "보름이 되면 도처에서 풍악을 울리고 등롱을 켜며 폭죽을 터뜨린다. 이야기가 연행되고 용등(龍燈), 사자등(獅子燈), 화등(花燈)도 있으니 이것이야말로 지희의 멋이다"라고 적고 있다.

지희는 매년 두 차례씩 연행되는데 춘절(春節)의 경우 '완신춘(玩新春, 새봄맞이)'이라 하고 7월 중순 벼꽃 필 무렵의 경우 '도미화신(跳米花神)'이라고 한다. 『안순속수부지(安順續修府志)』에 따르면 둔보인들이 지희를 연행하는 것은 휴식과 오락뿐만 아니라 신을 섬기고 조상의 제사를 지내며 사악한 것을 물리치고 길한 것을 불러오기 위해서이며 또한 '우병어농(寓兵於農)'의 깊은 뜻도 담겨 있다. 오늘날 지희는 우병어농 같은 공리적인 목적은 사라졌지만 대대로 전해온 문화현상으로 둔보인의 생활 속에 깊이 침투해 가장 이목을 끄는 풍속의 하나가 되었다. 어떤 의미에서 둔보인이 없으면 지희가 없고 반대로 지희가 없다면 둔보인 또한 그들만의 가장 큰 특징을 잃는 것과 다름없다. 근년에 귀주 일부 지역의 묘족(苗族), 포의족(布依族), 흘료족(仡佬族) 촌락에서도 지희가 연행되는데 그 가면, 복식, 내용, 창법이 둔보인의 지희와 거의 비슷한 것이 둔보인에게서 전해진 것으로 보인다.

「토인도귀(土人跳鬼)」

둔보인(屯堡人)의 중요한 풍속인 지희(地戲) 연희[귀주(貴州) 안순(安順)]

개상(開箱)의식(귀주 안순)

(2) 연행순서

지희는 개상(開箱), 소개장(掃開場), 도신(跳神), 소수장(掃收場)의 네 부분으로 구성된다. 연희 과정에서 재물운을 기원하는 '재문(財門)을 열다', 아이를 비는 '태자를 보내주다'와 같은 내용도 나타나기는 하지만 고정적인 것은 아니다.

1) 개상(開箱, 상자를 열다)

청검자(請臉子)라고도 하며 연행하기 전에 신을 모시는 의식이다. 연희가 끝나면 예인들은 가면을 백면지(白棉紙)로 싸 전용 나무상자에 넣어 보관한다. 이듬해에 상자를 열 때면 연기자 전부가 연희복장을 차려입고 가면이 든 나무상자를 연희장소에 옮겨온다. 연희장소에 설치된 신안(神案) 앞에서 정파(正派) 선봉장으로 분한 연기자가 향을 피우고 종이를 태우며 경건하게 기도하고 나머지 연기자들은 양옆에 줄 선다. 종이돈을 다 태우고 나면 선봉장이 다른 연기자들을 거느리고 나무상자 앞에 무릎을 꿇고 절하면서 신을 부르는 시문을 읊어 연희에 나오는 여러 신들이 속세에 내려오기를 청한다. 시문은 다음과 같다.

XX년 정월, 향이 아련하게 하늘로 퍼집니다.

저희 촌에서 상자 열어 지희를 연행하니, 천상의 여러 신들을 모시옵니다.

제자가 향을 피워 올리니, 신들이여, 어서 속세에 내려오소서.

저희 촌락에 강림하여 복을 주시고, 마을 노소 모두 평안하게 해주소서.

……

다 읊고 나면 모두 일어서고 선봉장이 술을 들어 여러 신에게 제사 지낸다. 그러고는 수탉 한 마리를 잡아 닭피로 나무상자의 각 부위를 찍으면서 다시 읊조린다.

……

수탉이 상자머리를 찍으면 마을사람들이 장수한다네.

수탉이 상자허리를 찍으면 풍년이 들어 곳간이 넘친다네.

수탉이 상자밑동을 찍으면 재물이 넘쳐나고 복록이 많아진다네.

상자가 이미 열렸으니 만사대길이로다.

2) 소개장(掃開場, 시작을 위해 청소하다)

정희(正戲)가 시작되기 전에 행하는 의식이다. 징소리, 북소리 요란한 가운데 관객들이 속속 연희장소에 모이게 된다. 이때 가면을 쓴 어린아이 두 명이 손에 부채와 손수건을 들고 연희장소에 걸어 들어오면서 인파를 갈라놓는다. 춤을 추는 동시에 소개장 시문을 노래하는데 시문 내용은 극단마다 대동소이하며 모두 길상어(吉祥語)들로 이루어졌다. 예를 들어,

시작 위해 청소하네, 시작 위해 청소하네, 청소하니 태양이 높이 떠 사방을 비추네.

큰 마당 청소해 소와 말을 팔고, 작은 마당 청소해 돼지와 양을 판다네.

문장(文場)을 청소해 필묵 팔고, 무장(武場)을 청소해 칼과 창 판다네.

소와 말은 농사꾼에게 팔고, 돼지와 양은 푸줏간에 판다네. 필묵은 문관에게 팔고, 칼과 창은 무관에게 판다네.

……

노래가 끝나면 정파 주장(主帥) 한 사람이 손에 무기를 들고 나와 '살사문(殺四門)'이라고 하는 동서남북 순서에 따라 찍고 찌르는 동작을 한다. 이는 장내를 깨끗이 정리하기 위해서이기도 하지만 벽사를 위해서이기도 하다.

3) 도신(跳神)

지희의 핵심부분으로 '정희(正戲)'라고도 한다. 연행시간은 짧으면 3~5일, 길면 보름이다. 작품이 모두 '무희(武戲)'이기 때문에 내용은 전쟁장면을 본뜬 것이다. 대체적으로 다음과 같이 진행된다. 교전 쌍방의 군주나 원수가 장내에 마련해 놓은 '막사'에 근엄하게 앉아 있으면 기타 연기자들은 장내 주위에 서 있다가 '출마문(出馬門)' 형식으로 나타나 시문을 읊어 자신을 소개한다. 소개가 끝나면 대부분 '조왕(朝王)'으로 연희가 시작된다. 천자가 궁에서 조회하는데 문무 대신들이 줄을 이어 군왕에게 머리를 조아려 사례한 후 양옆으로 나누어 선다. 군왕이 대신들에게 "일이 있으면 아뢰고, 없으면 조회를 마치노라"라고 말한다. 말이 끝나면 번방(番邦) 사자(使者)가 서신을 건넨다. 군왕은 그걸 보고 크게 노하여 사자의 목을 베거나 사자의 두 귀를 베어내고 돌려보낸다. 그러고 나서 조서를 내려 원수, 선봉장 등을 고르고 장내에서 검열하고 제사를 올린 다음 출병한다. 이렇게 점점 이야기가 전개되어 나간다.

4) 소수장(掃收文場)

정희가 끝나면 소수장 의식을 거행한다. 전체 연기자들은 분장 옷을 그대로 입고 활 모양으로 쌍방으로 나누어 선다. 화상(和尙)과 토지신이 등장하여 상서로움을 불러오고 온역을 몰아내는 시문을 읊조린다.

정월 대보름이 지났으니, 신들이여, 어서 와서 정리해주소서.

손에 부채를 들고 소개장(掃開場)을 하는 소동(小童)[귀주(貴州) 안순(安順)]

연희가 끝나면 가면을 단장의 집에 보관한대[귀주 귀양(貴陽) 청진(淸鎭)]

나무 요괴는 쓸어 던지고, 금은재화는 끌어다 주세요.

불 요괴는 쓸어 던지고, 소와 말 떼를 끌어다 주세요.

금 요괴는 쓸어 던지고, 풍년이 들게 해주세요.

물 요괴는 쓸어 던지고, 재물을 끌어다 주세요.

하늘의 온역은 하늘에, 지하의 온역은 지하세계로,

각종 질병 모두 쓸어, 멀리 구중천에 보내 주세요.

의식이 끝나면 쌍방 원수가 사열한다. 폭죽을 터뜨리는 가운데 장내를 세 바퀴 돈 다음 분장을 지운다. 그리고는 수탉 한 마리를 잡아 향을 피우고 종이를 태우며 신에게 감사드리고 기도한다. 그다음 백면지로 가면을 하나하나 싸서 나무상자에 넣고 극단 단장 집에 보관한다.

(3) 작품 줄거리

지희(地戲)는 대부분 고대 화본소설(話本小說), 역사연의(演義)와 민간전설에 나오는 전쟁이야기를 소재로 하며 일상생활, 송사, 애정에 관한 내용이 없다. 시대는 상·주(商·周)에서 명대(明代)까지 약 3천 년간이지만 당·송대(唐·宋代)의 전쟁이야기를 위주로 한다. 개별 극단은 보통 여러 대에 걸쳐 같은 작품을 연행한다. 이는 지희의 배역이 많고 가면의 제작비용이 비싸기 때문이다. 그러므로 가면이 유실되거나 훼손되지 않는 이상 작품을 바꾸지 않는다. 지희 연행은 극본을 바탕으로 한다. 전에는 극본을 모두 손으로 베껴 썼으나 근대에 와서 등사본이 출현하였다. 극본은 10여 막으로 구성되고 막마다 다시 여러 장으로 나뉜다. 극본에는 소량의 도백(道白), 대화(對話) 외에 칠언 위주에, 오언·육언·십언을 보조로 한 가사가 있다. 문체는 3인칭 위주의 서사적 설창체(說唱體)이다. 알려진 작품은 모두 34가지인데 그중 「동주열국지(東周列國志)」, 「곽자의(郭子儀)가 서쪽을 정벌하다」, 「하동(河東, 오늘날 산서(山西))을 아홉 번 드나들다」는 연행되지 않고 있다. 아직까지 민간에서 연행되고 있는 것은 31가지이며 널리 전해지는 것으로는 「삼국연의(三國演義)」, 「봉신연의(封神演義)」, 「설인귀(薛仁貴)가 동쪽을 정벌하다」, 「설정산(薛丁山)이 서쪽을 정벌하다」, 「오호(五虎, 송대 적청(狄靑)을 위주로 한 다섯 장군)가 남쪽을 평정하다」, 「오호가 서쪽을 평정하다」, 「설강(薛剛)이 당(唐)에 반기를 들다」, 「하동에 세 차례 가다」, 「나통(羅通)이 북쪽을 쓸어버리다」, 「네 세력이 당(唐)에 귀의하다」, 「악뢰(岳雷)가 북쪽을 쓸어버리다」, 「산동(山東)으로 되돌아가다」, 「심응룡(沈應龍)이 서쪽을 정벌하다」, 「양가장(楊家將)」, 「영렬전(英烈傳)」, 「분장루(粉粧樓)」, 「설악(說岳)」 등이다. 상술한 작품은 대부분

손으로 쓴 지희(地戲) 극본(귀주 안순)

고대소설과 화본을 각색한 것으로 이야기가 생동감 있고 구성이 잘 짜였다. 다음에서는 「설정산이 서쪽을 정벌하다」의 내용을 간략하게 소개하여 지희 극본의 대략적인 풍모를 알리려 한다.

이는 당대(唐代)에 벌어진 이야기이다. 설인귀가 요동(遼東)을 평정하자 당태종(唐太宗)은 왕부(王府)를 세우고 관직과 작위를 내려준다. 이에 황족 이도자(李道子)가 질투한 나머지 설인귀를 음해하여 감옥에 처넣는다. 얼마 안 되어 소보동(蘇寶同)이 서번(西番)의 국왕을 꼬드겨 당나라를 자기 세상으로 만들려 한다. 조정에 병사를 이끌 장군이 없자 당태종은 이도자를 죽이고 설인귀를 풀어주는 동시에 설인귀에게 군대를 맡겨 출정시킨다. 당군(唐軍)은 쇄양관(鎖陽關)에서 서번 군에 포위되어 곤경에 빠지고 설상가상으로 설인귀는 소보동의 비도(飛刀)에 찔려 부상을 입는다. 정교금(程咬金)이 조정에 돌아가 지원군을 요청하나 조정에 사람이 없어 당태종은 방을 붙여 현인을 불러들인다. 설인귀의 아들 설정산의 사부 왕오노조(王敖老祖)가 이를 알고 설정산을 하산시킨다. 설정산은 하산한 후 장안에 가서 방을 뜯고 응시하여 이원수(二元帥)에 봉해진다. 설정산은 당군을 거느리고 파죽지세로 나아가 마반산(磨盤山), 계패관(界牌關), 금하관(錦霞關), 접천관(接天關) 등 요새를 함락하고 곧바로 쇄양관으로 돌진한다. 격렬한 전투 끝에 당군은 쇄양관을 함락하고 설인귀를 구해낸다. 설정산은 계속 서쪽으로 진군하여 한강관(寒江關)을 공격한다. 한강관 총병(總兵) 번홍(樊洪)의 딸 번리화(樊梨花)는 빼어난 외모에 뛰어난 무예(武藝)까지 겸비한, 하늘의 옥녀성(玉女星)이 속세에 내려온 화신이다. 번리화의 사부 이산노모(梨山老母)는 그녀에게 설정산은 금동성(金童星)이 속세에 내려온 화신으로 그녀와는 깊은 인연이 있다고 알려준다. 번리화는 전장(戰場)에서 적극적으로 설정산에게 구애하며 부부의 연을 맺으려 하나 그 속사정을 알 길 없는 설정산은 완강하게 거절한다. 번리화가 처음으로 설정산을 붙잡았을 때 설정산은 살기 위해 거짓으로 응낙하고는 "만약 후회하면 허공에 거꾸로 매달릴 것"이라고 맹세한다. 그러나 설정산은 풀려나자마자 후회한다. 번리화가 높은 산으로 변해 설정산의 길을 막는데 설정산은 산속의 나무꾼에게 구해줄 것을 부탁한다. 나무꾼은 설정산을 산중턱에 매달아 놓고 가버리는데 그 나무꾼은 사실 번리화가 변한 것이었다. 두 번째로 잡혔을 때 설정산은 "만약 응낙하지 않으면 큰물에 빠져 죽을 것이다"라고 언약한다. 그러나 손에서 벗어나자마자 또다시 번리화를 배신한

번리화(樊梨花) 가면[귀주(貴州) 안순(安順)]

번리화가 설정산(薛丁山)을 세 번 사로잡다[귀주 안순]

다. 번리화가 법술로 강물을 갑자기 불어나게 하자 설정산은 하마터면 물에 빠져 죽을 뻔했다가 다시금 붙잡힌다. 정교금의 주선하에 설정산은 그제야 번리화와 결혼하기에 이른다. 성혼하는 날 번리화의 부친과 두 오빠가 모두 혼례에 참석하지 않아 설정산이 그 연유를 묻는다. 이에 번리화가 자초지종을 털어놓으니, 부친은 그녀와 설정산의 혼사를 반대하여 검으로 그녀를 찔러 죽이려다가 그만 부주의로 미끄러져 자신의 칼에 베여 죽었다. 이를 본 두 오빠가 부친을 위해 그녀를 죽이려 하자 마지못해 두 오빠를 죽일 수밖에 없었다. 이를 들은 설정산은 대노하여 "오늘날 너의 아버지와 오빠를 죽이니 아무 때든 나의 부모도 죽일 수 있을 것이다"라고 하며 그녀를 쫓아낸다. 번리화는 하는 수 없이 한강관으로 되돌아가게 된다. 후일 설정산은 백호관(白虎觀)에서 양번(楊藩)에게 포위된 설인귀[전하는 바에 의하면 설인귀는 백호성(白虎星)이 속세에 내려온 화신이라 함]가 백호로 변해 하산하여 물을 마시려는 것을 호랑이로 오인하여 사살한다. 얼마 지나지 않아 당태종이 붕어(崩御)하고 당고종(唐高宗)이 즉위하자 번리화는 장안에 이르러 어전에 고발한다. 당고종은 번리화를 측은히 여겨 설정산에게 번리화를 처로 맞아들일 것을 명한다. 설정산은 임금의 명이라 거역하지 못한다. 그리고 자신 또한 부친을 잘못 사살하였기 때문에 더는 번리화를 불쾌하게 생각할 이유가 없어 다시 받아들이게 된다. 훗날 설정산은 번리화의 도움으로 서번을 평정하고 서번왕에 봉해진다.

(4) 가면의 분류방식과 착용방식

1) 가면의 분류방식

지희는 한 마당에 수십 개에서 백여 개 가면이 사용되는데 이는 기타 나면을 크게 웃돈다. 그 이유는 우선 지희가 대부분 고대 전쟁이야기로 굴곡진 서사와 다양한 인물이 있는데 그중 일부 공용가면을 제외하고는 인물마다 따로 가면이 있기 때문이다. 이 밖에 지희가 촌락 또는 가족 단위로 연행되어 경제적인 여유가 있는 것도 원인이다. 가면 제작비용은 대부분 '공금'으로 지불되거나 촌락 또는 가족의 기부 또는 할당으로 마련하기 때문에 배역이 많아도 부담이 크지 않다. 지희 가면은 신분과 형태에 따라 대체적으로 다섯 가지로 분류된다.

① 무장(武將)

지희는 군나(軍儺)로서 작품 대부분이 '무희(武戱)'이므로 무

다양한 형태의 지희(地戱) 가면(귀주 안순)

장이 가장 중요하다. 배역은 크게 정파(正派)와 반파(反派)로 구분되며 더 나아가 문장(文將), 무장(武將), 노장(老將), 소장(小將), 여장(女將)의 구분이 있다. 수량상 무장 가면은 전체 지희 가면의 70~80% 이상이다. 또한 예술적으로 보면 무장은 지희의 대표적인 가면으로 조각이 가장 정교하고 생동감이 있다.

② 도인(道人)

도인 가면은 중요성으로 따지면 무장 가면에 버금간다. 도인은 지희에서 자주 등장하는 형상으로 대부분 반파 진영의 군사(軍師)이거나 정파 진영을 도우러 온 신선이다. 이들은 이야기의 발전에 핵심 역할을 한다.

③ 꼭두각시

지희에서 가장 흔히 출현하는 꼭두각시는 왜노이(歪老二)로 '노왜(老歪)' 또는 '왜취노묘(歪嘴老苗)'라고도 부른다. 전하는 바에 의하면 왜노이는 부우덕(傅友德)이 운남(雲南)과 귀주(貴州)를 정벌할 때 소수민족 가운데서 찾은 안내자이자 끄나풀이었다고 하며 극중에서는 익살꾼으로 활약한다. 이 외에도 소정자(小頂子), 소희희(笑嘻嘻), 협설파(夾舌巴), 아편각각(鴉片殼殼), 안경선생 등 꼭두각시가 있다. 이름에서 알 수 있다시피 일부는 근현대에 추가되었다.

무장 가면[귀주(貴州) 안순(安順)]

④ 동물

지희 중에서 흔히 보이는 동물 가면으로는 용, 사자, 호랑이, 표범, 소, 말, 돼지, 개, 원숭이, 기린(麒麟), 다람쥐 등이 있으며 수량상 기타 나면에 비해 월등히 많다. 이런 동물들은 대부분 수련 후 득도하여 요정이 된 영물(靈物)들로 주장(主將)이나 도인의 탈것으로 등장한다. 이들은 지희에 낭만적 색채를 부여한다.

⑤ 세속 인물

지희 속 세속 인물로는 토지, 화상, 계집종, 노모, 어린아이, 차관(差官) 등이 있다. 극중에서 연결고리 역할을 하며 비교적 부차적인 배역이다.

2) 착용방식

지희 가면은 착용방식이 특이하다. 촬태길(撮泰吉) 가면처럼 직접 쓰는 것도 아니고 나당희(儺堂戲) 가면처럼 천으로 감싸지도 않는다. 우선 반투명한 검은색 비단으로 머리를 감싼 다음 그 위에 가면을 쓴다. 가면의 위치는 비교적 높은 이마 위이며 연기자는 가면의 눈이 아닌 콧구멍과 입꼬리를 통해 밖을 내다본다. 이에 대해 현지인들은 두 가지 해석을 내놓고 있다. 우선 지희의 배역 대부분이 신이므로 신에 대한 존경심을

동물 가면(귀주 안순)

지희(地戱) 가면의 독특한 착용방식[귀주 평패(平壩)]

드러내기 위해 이마에 쓴다는 것이다. 다른 한 가지는 지희는 대부분 야외에서 연행되기에 가면을 높게 쓰면 멀리서 구경하는 관객들이 보기 편할뿐더러 연기자의 노랫소리도 가면에 막히지 않고 멀리까지 전해질 수 있다는 것이다. 이 중 전자는 신앙에서 비롯된 것이고 후자는 실용성에서 비롯된 것이므로 모두 일리가 있는 해석이다. 그리고 그중에서 먼저 검은 비단으로 머리를 감싸고 그 위에 가면을 쓰는 것은 피부 손상을 막기 위한 것으로 지희에는 싸움 장면이 많아 동작이 격렬하기 때문이다.

(5) 제작기법 및 예술풍격

1) 제작기법

'지희(地戱)는 곧 가면놀이'라고 할 정도로 가면은 지희에서 매우 중요한 역할을 한다. 그러므로 각 촌락, 가족 단위의 지희극단은 장인에게 의뢰해 가면을 제작하며 촌민들은 자기 촌락, 자기 가족이 명인이 제작한 가면을 소유한 것을 자랑으로 여긴다. 이러한 풍조는 지희 가면의 발전을 촉진하였으며 제작기법이 보다 높은 수준에 달할 수 있게 하였다. 지희 가면 제작은 원재료 선택에서 완성에 이르기까지 여섯 단계를 거치게 된다.

① 재료 준비

목재는 재질이 부드러워 가공하기 편한 정목(丁木), 백양(白楊), 은행나무, 가래나무를 사용한다. 과거에는 '신목(神木)'으로 알려진 정목을 즐겨 사용하였지만 현재는 정목을 구하기 쉽지 않아 다른 나무를 사용한다. 장인은 '신수(神樹)'를 선택한 후 우선 제사를 지내 신수가 노하는 것을 방지한다. 집으로 가져온 목재는 햇볕이 들지 않고 통풍이 잘 되는 곳에서 8~10일을 말린다. 반쯤 말랐을 때 40cm 정도 길이로 잘라 껍질을 벗긴 후 다시 3~5일간 더 말린다. 그다음 반으로 쪼개 가면을 만들 준비를 한다. 나무가 갈라질 수 있으므로 생나무를 햇볕에 말리는 것은 금물이다. 가면이 갈라지거나 좀먹는 것을 방지하기 위해 석회를 조금 넣어 끓인 물에 삶는다. 그 후 재료가 마르면 조각을 시작한다. 주의할 점은 조각을 시작하기 전에 재차 제사를 지내야 한다. 수탉의 볏에서 피를 내어 목재에 뿌리면서 축사를 읊는데 속칭 '가마(駕馬)'의식이라고 한다.

② 조각

지희 가면은 조각이 매우 정교하고 복잡한데 그중 무장 가면이 대표적이다. 따라서 여기서는 주로 무장 가면의 조각기법을 설명하며 부차적으로 기타 배역을 설명할 것이다. 무장 가면은 얼굴, 투구, 귀날개 세 부분으로 이루어졌는데 그중 얼굴과 투구는 이어져 있으며 주요 부분이기도 하다. 제작할 때 먼저 목재 바탕에 투구와 얼굴의 비율을 재어 놓고 투구 가장자리, 콧방울, 입꼬리 부분에 가로선을 각각 그은 다음 대략적인 윤곽을 깎아낸다. 각 부위 비율과 오관의 형태를 보면 투구와 얼굴은 1:1로 한다. 손가락을 기준으로 이마 세 손가락, 코 세 손가락, 코끝부터 턱까지 다섯 손가락 길이로 한다. 여기에 곧추 세운 눈썹, 찌그린 코, 튀어나온 눈을 조각한다. 그 후 3~5일간 말린 다음 다시 조각 작업을 진행한다. 이 단계에서는 투구의 도안과 무늬를 뚜렷하게 조각하고 배역의 표정을 표현해내야 한다. 투구에는 뾰족한 것과 평평한 것이 있는데 초반에는 뾰족한 것이 많았으나 점차 평평하게 바뀌었다. 뾰족한 투구의 장식은 간결한 편이고 평평한 투구의 장식은 비교적 복잡한데 일반적으로 3~4층으로 만든다. 투구 장식에는 용봉(龍鳳)이 많으며 남자 장군은 용 투구를, 여자 장군은 봉 투구를 한다. 지희 중 주요 배역은 모두 하늘의 별이 속세에 내려온 화신이라 전해지므로 투구에는 대붕(大鵬), 백호, 금동(金童), 옥녀(玉女), 귀두(鬼頭) 등 별자리 도안을 장식한다. 또한 미관을 고려하여 투구에는 나비, 까치, 잉어, 연꽃 등 길상을 나타내는 문양도 조각한다. 일부 정교한 가면은 이에 더해 세부적인 부분을 섬세하게 조각한다. 가면의 주요 부분이 완성되면 귀날개 한 쌍을 단다. 귀날개는 길이가 20여cm이며 대부분 용봉과 상서로움을 나타내는 각종 화초로 장식한다. 다 만들어진 귀날개는 구멍을 뚫고 삼끈을 이용하여 가면의 귀 부분에 연결한다. 지희 가면에서 무장을 제외한 기타 배역에는 모두 귀날개가 없다. 이들의 조각기법은 나당희 가면과 비슷하며 조금 더 정교하다.

③ 착색

조각이 끝난 가면은 반질반질하게 광택을 낸 후 착색한다. 염료는 유성염료와 교질(膠質)염료 두 가지가 있다. 유성염료는 진홍색, 석청(石靑), 석록(石綠), 자석(赭石), 황토색 등 안료를 니스와 섞은 것이다. 유성염료를 가면에 칠하면 색상이 화려하고 물에 젖을 염려가 없으며 쉽게 퇴색되지 않지만 가격이 비싼 것이 단점이다. 교질염료는 각종 수용성 염료 또는 분말 염료를 아교와 섞은 것이다. 교질염료를 칠하면 색상이 화려하지 못하고 물에 손상되기 쉽고 퇴색되기 쉽지만 저렴한 가격

조각 중인 지희(地戲) 가면[귀주(貴州) 안순(安順)]

착색 중인 지희 가면(귀주 안순)

지희 가면에 수염 달기(귀주 안순)

유리거울을 장식한 관색희(關索戲) 가면[운남(雲南) 징강(澄江)]

이 장점이다. 지희 가면의 얼굴 장식은 일정한 양식화 경향이 있는데 경극(京劇)의 얼굴 분장과 일부 비슷한 점이 있다. 일부 배역은 얼굴에 한 가지 색상만 칠한다. 일부 배역은 상하 또는 좌우가 서로 다른 색상인데 이를 일러 '음양 얼굴'이라 한다. 일부는 꿀벌, 나비, 물고기, 덩굴 등 도안을 그려 장식하기도 한다. 눈썹을 그릴 때는 여장(女粧)은 버들잎, 소장(小粧)은 댓잎, 무장(武粧)은 가시 눈썹으로 하고 여장의 눈썹은 선, 소장은 화살, 무장은 타오르는 불길같이 표현한다. 착색이 끝난 후 니스를 덧발라 주면 색상이 더욱 산뜻하게 빛난다. 지희는 야외에서 연행되기 때문에 가면이 햇빛과 빗물에 노출되어 퇴색되기 쉽다. 따라서 일반적으로 10년마다 다시 기름을 칠하고 채색한다. 이렇게 하면 1~2백 년 된 가면이라도 여전히 새것처럼 산뜻하다. 이렇게 정기적으로 착색하는 방법은 다른 종류의 나면에서는 보기 드물다.

④ 수염 붙이기

지희 가면에는 수염 있는 배역이 많은 편이다. 노장뿐만 아니라 토지, 도인 등 배역도 모두 수염이 있다. 수염에는 검정, 하양, 빨강 3색이 있는데 사람의 머리카락, 말총, 삼실 등으로 만든다. 검은 수염과 흰 수염은 자연색상이고 빨간 수염은 흰색 말총과 삼실을 염색하여 만든다.

⑤ 거울장식

거울장식은 지희 제작의 마지막 단계이다. 거울조각은 대부분 무장의 투구와 귀날개, 도인의 관모 등에 단다. 거울은 동전 크기로 잘라 뒷면에 풀을 바르고 미리 뚫어 놓은 구멍에 붙인다. 조각은 2, 3개에서 15개 정도를 붙이는데 공연할 때 햇빛이 비춰 반짝반짝 빛나면 분위기를 더욱 돋울 수 있을뿐더러 귀신을 비추어 쫓는 작용도 한다. 가면에 거울조각을 붙이는 것은 전국적으로 지희 가면과 운남성(雲南省) 징강(澄江) 관색희(關索戲) 가면에만 존재한다. 관색희도 군나(軍儺)에 속하기 때문에 학계에서는 관색희 역시 강남에 뿌리를 두었으며 귀주를 거쳐 운남에 전해지면서 지희 가면의 영향을 받은 것으로 추측한다.

⑥ 개광(開光)

지희 가면 역시 제작이 끝나면 개광의식을 거행하여 가면에 영성과 신성을 부여한다. 의식은 나당희 가면의 개광의식과 유사하므로 여기서는 생략한다.

2) 예술풍격

지희 가면은 배역이 많고 형태가 독특하며 제작이 정교하고 예술성이 높다. 현재 나면 중 최고 수준을 자랑하며 귀주 뿐 아니라 중국 전체에서 가장 널리 분포하고 가장 영향력이 큰 나면이다.

① 기법

지희 가면의 기법특징은 투구 제작에서 가장 뚜렷하게 나타난다. 제작기법으로는 저부조(低浮彫)와 투각기법을 결합해 용봉 및 각종 화조충어(花鳥蟲魚) 도안을 섬세하게 조각해낸다. 일부 배역에는 별자리를 조각하는데 예를 들어 악비(岳飛) 가면에는 대붕(大鵬)을, 설인귀(薛仁貴) 가면에는 백호를, 번리화(樊梨花) 가면에는 옥녀를, 설정산(薛丁山) 가면에는 금동(金童)을 새겨 넣어야 한다. 가장 특이한 것은 당태종(唐太宗) 이세민(李世民) 가면인데 투구에 용 19마리가 새겨져 있다. 민간 전설에 의하면 이세민은 원래 한 마리 용인데 18명의 번왕(藩王)을 평정하였으므로 합하여 19마리가 되었다 한다. 지희 가면의 얼굴 조각은 간결하고 명쾌하다. 윤곽이 분명하고 네모반듯하여 투구의 복잡하고 세밀한 풍격과는 선명한 대조를 이룬다. 귀날개 역시 지희 가면의 독특한 특징으로 전국적으로 지희와 강서성(江西省)의 '도나(跳儺)' 가면에만 귀날개가 있다. 그러나 도나 가면의 귀날개는 기법이 간단하고 지희가면은 무척 정교하다. 지희는 그 뿌리가 강남의 나희에 있으므로 근본을 따지면 지희 가면의 귀날개는 강서 도나 가면의 귀날개에서 발전했다고 할 수 있다.

② 조형

오늘날 민간에서 연행되는 지희는 모두 31가지이다. 작품마다 평균 50개의 배역이 있다고 치면 전체로는 1,500개 이상이 된다. 가면으로 모든 배역의 신분, 성격, 외모를 구별하기는 어렵기 때문에 민간예인들은 가면의 형태에 따라 유형화·규격화하였다. 이러한 방식은 부득이한 것이지만 현명한 선택이기도 하다. 이를테면 지희에서 무장 가면은 1,000개 이상인데 장인들은 이를 문장, 무장, 노장, 소장, 여장으로 구분하고 배역마다 형태에서 각자의 특색을 띠게 만들었다. 문장은 준수한 외모에 멋지고 품위 있게, 무장은 짙은 눈썹, 볼록한 눈에 강렬하게, 노장은 주름진 이마, 기다란 수염에 냉정하고 침착하게, 소장은 곧추 선 눈썹, 곧은 코에 용맹하고 소탈하게, 여장은 수려한 외모에 단정하고 아름답게 표현하였다. 무장 가면은 정파(正派)장군과 반파(反派)장군으로도 나뉘는데 배역마다 투구 장식과 얼굴 색상이 달라 대체적으로 구분이 가능하다. 도인 가면은 수량이 적고 형태 표현이 비

투구에 용 19마리가 새겨진 이세민(李世民) 가면[귀주(貴州) 안순(安順)]

귀날개가 달린 강서 도나(跳儺) 가면[강서(江西) 평향(萍鄕)]

어취도인(魚嘴道人) 가면(귀주 안순)

교적 자유롭다. 장인들은 매 도인의 외형적 특징을 포착하여 자유자재로 변화시키며 정신적 기질을 표현하는 데 중점을 둔다. 예를 들어 계취도인(鷄嘴道人)은 사람 얼굴에 닭 부리로 형상화되고 도관(道冠)은 닭 날개와 닭 꽁지를 변형시킨 모양이다. 조형에서 사람과 닭의 특징을 모두 갖춰 괴이함 속에 교활한 성격이 나타난다. 어취도인(魚嘴道人)은 물고기 입에 도관은 물고기 꼬리 모양이고 콧구멍으로 두 가닥의 기다란 수염이 삐져나오며 이마에는 비늘이 가득하여 3할이 사람 같고 7할이 물고기 같다. 이러한 형상은 무던함 속에 귀여운 면이 엿보인다. 이 외에 비발(飛鈸)도인, 거북도인 등도 모두 생동감과 미묘한 운치가 있다. 꼭두각시, 동물, 세속 인물은 지희에서 무장이나 도인만큼 중요한 배역은 아니지만 장인들은 여전히 각종 조형기법을 사용하여 정교하게 제작한다. 형상은 사실, 과장, 변형 등을 막론하고 모두 생동감과 개성이 있다.

③ 색채

지희 가면의 색채는 세속성, 상징성, 장식성으로 나타난다. 세속성의 경우 지희 가면은 빨강, 노랑, 금색, 보라 등 난색(暖色)을 주색(主色)으로, 남색, 녹색, 청색, 백색 등 한색(寒色)을 보조색으로 하고 여기에 거울조각 장식까지 더하여 색상이 화려하고 산뜻하다. 이는 촬태길(撮泰吉) 가면의 단순함, 소박함, 깊이감이나 나당희(儺堂戲) 가면의 중후함, 고졸함, 무게감과는 뚜렷하게 다른데 그 원인은 지희가 종교색이 옅고 오락성이 짙기 때문이다. 또한 지희 가면은 조상신의 화신도 아니고 무속, 도교, 불교 신의 매개체도 아닌 고대 왕후장상을 위주로 한 '영웅신'이기 때문이다. 이러한 세속성은 농민들의 심미관과 감상습관을 드러내준다. 상징성이라 함은 지희 가면의 색상은 의미화 및 부호화된 특징을 띠고 있기 때문이다. 지희 가면은 대부분 강렬한 색상을 얼굴에 착색하는데 색상마다 일정한 상징적 의미를 지니고 있다. 일반적으로 붉은 얼굴은 관우(關羽), 설인귀(薛仁貴) 등 충성스럽고 용맹하며 강직한 장군, 분홍 얼굴은 악운(岳雲), 나성(羅成) 등 준수하고 젊은 장군, 청색 얼굴은 개소문(蓋蘇文), 소보동(蘇寶同) 등 용맹하며 날랜 장군, 초록 얼굴은 웅해관(熊海寬), 맹회원(孟懷元) 등 용맹한 장군, 분홍빛에 각종 무늬가 있는 얼굴은 조조(曹操), 진회(秦檜) 등 간사한 문장(文臣) 등을 나타낸다. 둔보인들은 부호화된 색채로 극중 인물에 대한 도덕적 평가와 애증을 표현하였다. 장식성이란 지희 가면 중 주로 무장 가면의 투구, 귀날개, 관모에 그려진 각양각색의 화조충어와 별자리 도안을 두고 이르는 말이

충성과 용맹의 상징인 관우(關羽)의 붉은 얼굴(귀주 안순)

다. 일부 배역은 얼굴에 화초, 덩굴, 나비 무늬를 그려 넣기도 한다. 이러한 도안과 무늬는 가면을 꾸미고 배역을 구분하는 역할을 할 뿐만 아니라 둔보인들의 길상과 행복에 대한 바람을 표현한 것이기도 하다. 예를 들어 용봉은 상서로움을, 까치와 나비는 기복을, 금붕어와 연꽃은 풍부한 재산을, 박쥐 · '수(壽)'자와 동전 두 개는 복과 장수, 금전을 뜻한다. 색채의 장식성은 중국 전통 민간미술 특징 중 하나로 지희 가면은 이를 극대화하였다. 더불어 지희 가면의 무늬의 다양성, 색채의 화려함, 그림의 섬세함, 뜻 깊은 의미 등은 놀랄 정도로 뛰어나다. 상술한 내용에 근거하여 지희 가면의 예술풍격은 정교함, 현란함, 신기함으로 개괄할 수 있겠다.

얼굴에 나비무늬를 장식한 가면[귀주(貴州) 안순(安順)]

(6) 지희(地戱) 가면의 유파(流派)

귀주(貴州) 각지에 전해지는 지희 가면은 대략 만 개 이상이 된다. 그중 대부분은 1940년대 이후에 제작된 것이지만 이전에 제작된 것도 적지 않다. 가장 오래된 것은 청대(淸代) 초 · 중기에 만들어졌으며 명대(明代) 가면의 존재에 대해서는 의견이 분분하다. 청대 이후로 지희 가면의 장인이 늘어났는데 그들의 작품은 모두 개성이 뚜렷하며 예술성이 높다. 그들에게는 모두 계승인이 있어 다양한 유파를 형성하였다. 다음에서는 지희 가면 장인의 유파에 대해 간략하게 소개하려 한다.

1) 제이파(齊二派)

제이는 안순(安順) 서둔(西屯) 사람으로 생졸년은 분명치 않으나 대략 청(淸) 가경(嘉慶)에서 도광(道光)연간 사이로 추정된다. 제이는 생전에 이미 널리 이름이 알려진 상태였다. 그는 성격이 도도하고 괴팍하여 의뢰인이 청하여 가면을 조각해도 만약 손님접대를 극진히 하지 않으면 시작하지 않았다. 혼자 문을 닫고 작업하였는데 의뢰인을 제외하고는 누구도 그 방에 들어오지 못하게 하였다. 이렇게 한 데는, 한편으로는 기술 유출을 우려한 까닭이고 다른 한편으로는 사람들이 구경하면서 땀에 젖은 손으로 가면을 만져 칠이 제대로 먹지 않는 것을 방지하기 위해서였다. 그가 만든 가면은 도법(刀法)이 대범하고 기법이 다양하여 참신하고 자연스러웠으며 생기가 넘쳐났다. 1940년대 안순 유관향(劉官鄕) 수교촌(水橋村)에서는 제이가 조각한 심응룡(沈應龍) 가면 하나에 당시 가격으로 조 약 1,000kg을 지불하였다. 이로부터 그가 제작한 가면이 얼마나 귀한 것인가를 알 수 있다. 제이가 제작한 가면 중 현존하는 것은 약 100여 개로 청대 가면장인 중에 남은 것이 가장 많

제이(齊二)가 조각한 심응룡(沈應龍) 가면(귀주 안순)

다. 제이는 평생 독신으로 지내 자손이 없지만 그의 영향은 지대하였다. 오늘날 안순 일대의 가면장인 중에서 직간접적으로 그의 영향을 받지 않은 사람은 단 한 명도 없다. 특히 제이의 고향사람인 이대방(李人方), 두광지(杜光志) 등은 작품 풍격이 제이와 유사하므로 제이파의 계승인이라 할 수 있다.

　2) 호개청파(胡開淸派)

　　호개청은 안순 유관향 주관둔(周官屯) 사람으로 역시 생졸년은 정확하지 않으나 대략 제이와 동시대인으로 추정된다. 집안에서 다섯째이므로 '호오공(胡五公)'이라고도 불렸다. 호개청은 조부와 부친이 모두 가면장인으로 손재주를 물려받았다. 호개청의 작품 중 남아 있는 것은 대략 30~40개로 많지는 않다. 그가 만든 가면은 크기가 작은 편이며 뾰족한 투구가 많고 평평한 투구가 적다. 또한 구조가 잘 짜이고 도법이 섬세하며 무늬가 간결하고 표정이 장중하다. 주관둔 호씨 가문에는 지희 가면 조각을 생업으로 하는 사람이 많다. 지관(地官)이 말하길 호씨네는 조상무덤을 잘 써 이후에 필히 72명의 관리가 나올 것이라 하였다 한다. 현재 호씨 가문에서 많은 사람이 가업을 물려받았으므로 현지에서는 우스개로 호씨 가문에서 72명의 조각가가 나왔다고도 한다. 주관둔 호씨 가문 중 지희 가면 조각에 종사하는 사람은 30명을 웃도는데 기본적으로 호개청의 전통을 이어받은 동시에 자기만의 개성을 가지고 있다. 그중 손꼽히는 이들로는 호소남(胡少南), 호영발(胡永發), 호영휘(胡永輝), 호과위(胡科偉) 등이 있으며 특히 호영발과 호과위가 유명하다. 호영발은 어려서부터 호소남에게서 배웠는데 청출어람이란 소리를 듣는다. 그가 조각한 가면은 크고도 생기가 넘친다. 재주가 뛰어나 칼질 몇 번이면 형태가 갖추어지고 늙거나 젊거나 아름답거나 추하거나를 막론하고 모두 살아 움직이는 듯하다. 투구의 장식은 4층까지 가능하며 입체감이 뛰어나다. 별자리 조각은 상징기법을 사용하여 단순하고 함축적이며 착색은 산뜻하고 화려하다. 호과위는 신세대 가면장인의 대표주자로 조각에 능할뿐더러 경영에도 일가견이 있다. 2000년 '대명둔보(大明屯堡)문화예술개발회사'를 세우고 국내외 관광시장 공략을 위해 소형 지희 가면, 초대형 지희 가면, 가면기둥 등 새로운 작품을 개발하였다. 이 중에서 작은 것은 호두알만 하여 장신구로 쓸 수 있고, 큰 것은 120cm 이상으로 호텔, 백화점에 진열하기 좋다. 이는 지희 가면이 상품경제 속에서 변화하고 발전하는 또 다른 형태이다.

호과위(胡科偉)가 조각한 대형 용 코 가면(귀주 안순)

3) 오소회파(吳少如派)

오소회는 제이나 호개청보다 늦은 청말 중화민국 초 사람이다. 부친과 조부 모두 가면장인이었으나 전해지는 작품은 없다. 오소회의 조상은 양(楊)씨였으나 아버지 양현청(楊顯清)이 일찍 채관둔(寨官屯) 하언(下堰) 오씨 집안에 데릴사위로 들어가면서 성을 오씨로 고쳤다. 오소회가 제작한 가면은 조형이 신비하고 괴이하며 색상이 다채롭고 특히 동물가면이 뛰어나다. 애석하게도 전해지는 작품은 많지 않은데 확인된 것은 30여 개 정도이다. 그중 소둔향(小屯鄉) 남산촌(南山村)에 있는 계취도인과 어취도인 가면은 형상이 괴이하고 구상이 독특하여 감탄을 자아낸다. 오소회의 아들 오걸명(吳杰明), 조카 오화명(吳華明), 질손 양정군(楊正軍, 오화명의 아들. '3대째에 성씨를 되찾는다'는 풍속에 따라 양씨로 고침) 등은 모두 가면 조각에 능한데 오소회의 풍격을 이어받았으며 작품은 안순 서남지역에서 널리 전해지고 있다. 채관둔의 가면장인 봉충량(封忠良) 역시 오씨 일파의 영향을 받아 작품의 조형이 과장되고 구상이 독특하다. 또한 오소회의 조각기법을 한층 더 발전시켰다.

4) 황병영파(黃炳榮派)

황병영은 안순 구주진(舊州鎮) 사람으로 원적은 강서(江西)이다. 1910년에 태어나 1990년대에 사망하였다. 황병영은 13세에 가면 조각을 시작하였는데 평패(平壩) 사람 풍은장(馮銀卓)과 귀양(貴陽) 사람 풍순청(馮順清)에게서 배웠다. 그중 풍은장은 꽃을 조각하는 데는 능하나 사람은 조각할 줄 모르고 풍순청은 사람을 조각하는 데는 능하나 꽃은 조각할 줄 몰랐다. 황병영은 두 사람의 장점을 배우고 융합시켜 일가를 이루었다. 목공, 칠공예에 뛰어나고 보살 조각에 능했다. 평생 300여 개 가면을 조각했는데 아래와 같은 세 가지 특징이 있다. 첫째, 크기가 일반 가면보다 크며 아름답고 품위 있어 보인다. 둘째, 조각이 정교하며 그중 특히 투구 무늬가 복잡하고 완벽하다. 용봉은 머리와 꼬리를 새겼고 얼굴은 섬세하고 둥글다. 셋째, 색상이 산뜻하여 웅장하고 화려해 보인다. 황병영의 아들 왕수청(王樹清, 3대째에 원래 성을 되찾는 풍속에 따라 왕씨로 고침)은 부친의 뒤를 이어 풍격 또한 비슷한데 두 사람의 작품을 같이 놓으면 일반인들은 구분하기 어렵다. 황병영의 제자 동발주(董撥周)는 선생의 조각풍격을 바탕으로 변화를 추구하였다. 그의 작품은 화려하지 않고 비교적 담백하고 수려한 편이다.

이상 귀주 나희 가면에 대한 대략적인 소개를 끝마친다. 중국 나면 중 귀주 나면은 종류가 많을 뿐만 아니라 광범위하

오화명(吳華明), 오걸명(吳杰明)이 조각한 어취도인(魚嘴道人) 가면[귀주(貴州) 안순(安順)]

황병영이 조각한 악비(岳飛) 가면(귀주 안순)

황병영(黃炳榮)과 아들 왕수청(王樹淸)(귀주 안순)

게 전해지고 있으며 형태가 독특하고 기법이 정교하다. 또한 예술성이 높고 문화적 함의가 풍부하며 국내외적으로 명성을 떨쳐 중국의 민간유물 가운데 보물이라 하겠다. 귀주 나희 가면은 봉건사회에서 잉태되어 발전해온 것이므로 불가피하게 시대적 낙인이 찍혀 있다. 다시 말해 나희에는 정수와 찌꺼기, 과학과 미신이 혼재해 있다. 오늘날 우리는 귀주 나희 가면을 연구함에 있어서 역사 유물론적 관점으로 군더더기는 없애고 정수만 받아들여 한층 더 높은 단계로 발전시켜야 한다. 이를 통해 귀주성의 관광산업뿐만 아니라 문화와 예술의 발전을 이룰 수 있을 것이다.

목차

촬
태
길
가
면

아달모(阿達姆)

필절(畢節) 위닝(威寧)

묵포(嘿布)

필절(畢節) 위닝(威寧)

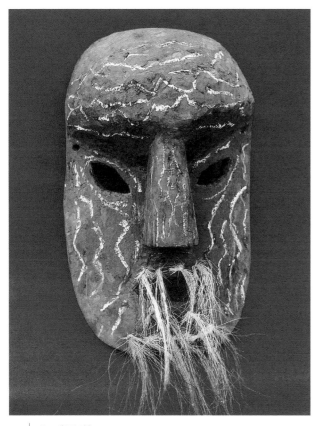

아포마(阿布摩)

필절(畢節) 위녕(威寧)

묵포(嘿布)

필절(畢節) 위녕(威寧)

아안(阿安)

필절(畢節) 위녕(威寧)

마홍마(麻洪摩)

필절(畢節) 위녕(威寧)

아포마(阿布摩)

필절(畢節) 위녕(威寧)

아달모(阿達姆)
필절(畢節) 위녕(威寧)

마훙마(麻洪摩)
필절(畢節) 위녕(威寧)

아얀(阿安)

필절(畢節) 위녕(威寧)

나

당

희

가

면

나공(儺公)·나모(儺母)

나공(儺公)·나모(儺母)
동인(銅仁) 덕강(德江)

나공(儺公)·나모(儺母)
준의(遵義) 미담(湄潭)

나공(儺公)·나모(儺母)
동인(銅仁) 덕강(德江)

나공(儺公)·나모(儺母)
동인(銅仁) 연하(沿河)

나공(儺公)·나모(儺母)
동인(銅仁) 덕강(德江)

나공(儺公) · 나모(儺母)

준의(遵義) 무천(務川)

나공(儺公) · 나모(儺母)
동인(銅仁) 사남(思南)

나공(儺公) · 나모(儺母)
준의(遵義) 도진(道眞)

나공(儺公) · 나모(儺母)
동인(銅仁) 연하(沿河)

· 76 ·

나공(儺公)·나모(儺母)

동인(銅仁) 송도(松桃)

나공(儺公)·나모(儺母)

동인(銅仁) 사남(思南)

산왕(山王)

산왕(山王)

준의(遵義) 무천(務川)

산왕(山王)

준의(遵義) 도진(道眞)

산왕(山王)

준의(遵義) 도진(道眞)

산왕(山王)

준의(遵義) 무천(務川)

산왕(山王)

준의(遵義) 도진(道眞)

산왕(山王)

준의(遵義) 도진(道眞)

산왕(山王)

준의(遵義) 도진(道眞)

산왕(山王)

준의(遵義) 도진(道眞)

산왕(山王)

준의(遵義) 도진(道眞)

얼룡(孼龍)

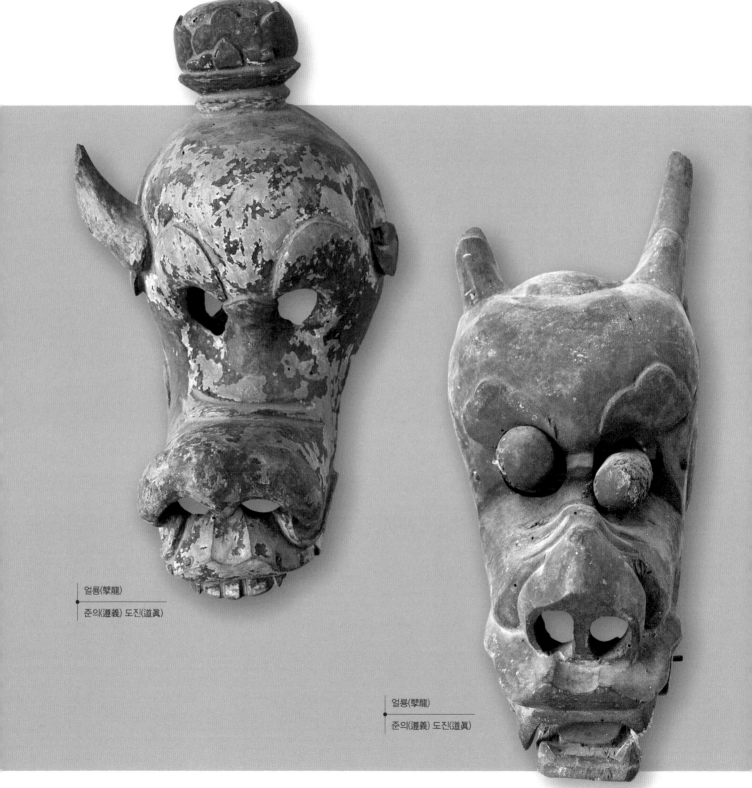

얼룡(孼龍)

준의(遵義) 도진(道眞)

얼룡(孼龍)

준의(遵義) 도진(道眞)

얼룡(孼龍)

준의(遵義) 도진(道眞)

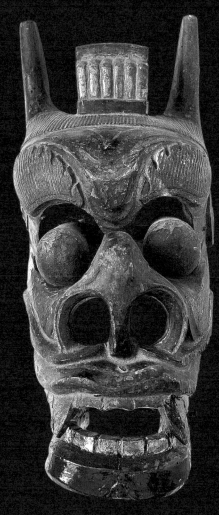

얼룡(孼龍)

준의(遵義) 도진(道眞)

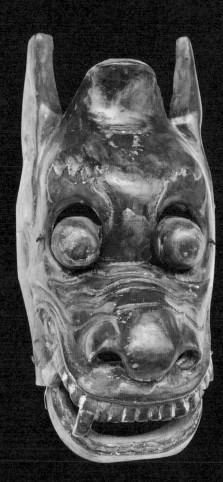

얼룡(孼龍)

준의(遵義) 무천(務川)

얼룡(孼龍)

준의(遵義) 도진(道眞)

개 산 맹 장 (開山猛將)

개산맹장(開山猛將)

동인(銅仁) 덕강(德江)

개산맹장(開山猛將)

동인(銅仁) 덕강(德江)

개산맹장(開山猛將)

동인(銅仁) 덕강(德江)

개산맹장(開山猛將)

동인(銅仁) 덕강(德江)

개산맹장(開山猛將)

동인(銅仁) 덕강(德江)

개산맹장(開山猛將)

동인(銅仁) 덕강(德江)

개산맹장(開山猛將)
동인(銅仁) 연하(沿河)

개산맹장(開山猛將)
동인(銅仁) 연하(沿河)

개산맹장(開山猛將)

동인(銅仁) 사남(思南)

개산맹장(開山猛將)

동인(銅仁) 덕강(德江)

개산맹장(開山猛將)

동인(銅仁) 송도(松桃)

개산맹장(開山猛將)

동인(銅仁) 덕강(德江)

개산맹장(開山猛將)

동인(銅仁) 덕강(德江)

개산맹장(開山猛將)

검동남(黔東南) 잠공(岑鞏)

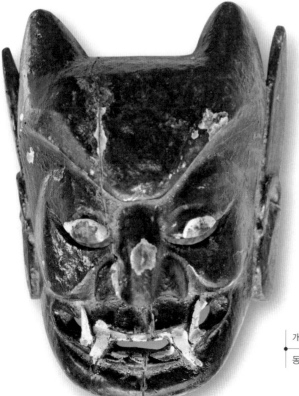

개산맹장(開山猛將)

동인(銅仁) 인강(印江)

개산맹장(開山猛將)

준의(遵義) 미담(湄潭)

개산맹장(開山猛將)

검동남(黔東南) 잠공(岑鞏)

개산맹장(開山猛將)

동인(銅仁) 만산(萬山)

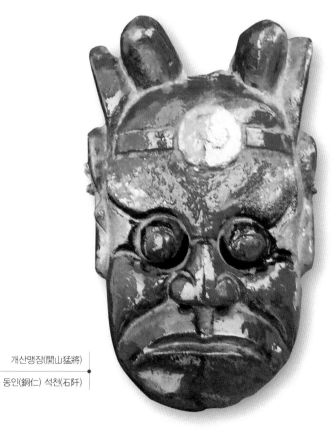

개산맹장(開山猛將)

동인(銅仁) 석천(石阡)

개산맹장(開山猛將)
검동남(黔東南) 잠공(岑鞏)

개산맹장(開山猛將)
동인(銅仁) 덕강(德江)

선봉소저(先鋒小姐)

선봉소저(先鋒小姐)

검동남(黔東南) 황평(黃平)

선봉소저(先鋒小姐)

동인(銅仁) 연하(沿河)

선봉소저(先鋒小姐)

준의(遵義) 도진(道眞)

선봉소저(先鋒小姐)

준의(遵義) 도진(道眞)

선봉소저(先鋒小姐)

준의(遵義) 미담(湄潭)

선봉소저(先鋒小姐)

준의(遵義) 미담(湄潭)

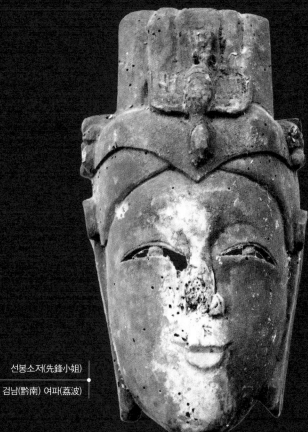

선봉소저(先鋒小姐)

검남(黔南) 여파(荔波)

선봉소저(先鋒小姐)(좌)
동인(銅仁) 덕강(德江)

선봉소저(先鋒小姐)(우)
동인(銅仁) 인강(印江)

선봉소저(先鋒小姐)(좌)
동인(銅仁) 덕강(德江)

선봉소저(先鋒小姐)(우)
동인(銅仁) 덕강(德江)

선봉소저(先鋒小姐)(좌)
동인(銅仁) 석천(石阡)

선봉소저(先鋒小姐)(우)
동인(銅仁) 덕강(德江)

선봉소저(先鋒小姐)

준의(遵義) 도진(道眞)

선봉소저(先鋒小姐)
준의(遵義) 도진(道眞)

선봉소저(先鋒小姐)
동인(銅仁) 덕강(德江)

선봉소저(先鋒小姐)

준의(遵義) 도진(道眞)

도관왕모(度關王母)

도관왕모(度關王母)

준의(遵義) 도진(道眞)

도관왕모(度關王母)

준의(遵義) 도진(道眞)

도관왕모(度關王母)
준의(遵義) 도진(道眞)

개로장군(開路將軍)

개로장군(開路將軍)

동인(銅仁) 연하(沿河)

개로장군(開路將軍)

동인(銅仁) 덕강(德江)

개로장군(開路將軍)

동인(銅仁) 덕강(德江)

개로장군(開路將軍)

동인(銅仁) 덕강(德江)

개로장군(開路將軍)

동인(銅仁) 덕강(德江)

개로장군(開路將軍)

동인(銅仁) 덕강(德江)

문왕괘사(文王卦師)

문왕괘사(文王卦師)

동인(銅仁) 인강(印江)

문왕괘사(文王卦師)

동인(銅仁) 덕강(德江)

문왕괘사(文王卦師)
준의(遵義) 도진(道眞)

문왕괘사(文王卦師)
동인(銅仁) 덕강(德江)

문왕괘사(文王卦師)

준의(遵義) 도진(道眞)

병령태자(炳靈太子)

병령태자(炳靈太子)

준의(遵義) 도진(道眞)

병령태자(炳靈太子)

준의(遵義) 도진(道眞)

병령태자(炳靈太子)
준의(遵義) 도진(道眞)

병령태자(炳靈太子)
준의(遵義) 도진(道眞)

병령태자(炳靈太子)
준의(遵義) 도진(道眞)

병령태자(炳靈太子)

준의(遵義) 도진(道眞)

이랑신(二郞神)

이랑신(二郞神)
동인(銅仁) 연하(沿河)

이랑신(二郞神)
동인(銅仁) 연하(沿河)

이랑신(二郞神)

동인(銅仁) 사남(思南)

이랑신(二郎神)

동인(銅仁) 덕강(德江)

이랑신(二郎神)

준의(遵義) 도진(道眞)

이랑신(二郎神)
필절(畢節) 직금(織金)

이랑신(二郎神)
준의(遵義) 도진(道眞)

이랑신(二郎神)
동인(銅仁) 덕강(德江)

이랑신(二郞神)

준의(遵義) 도진(道眞)

입비뚤이 진동(秦童)

입비뚤이 진동(秦童)

준의(遵義) 도진(道眞)

입비뚤이 진동(秦童)

준의(遵義) 도진(道眞)

입비뚤이 진동(秦童)

준의(遵義) 도진(道眞)

입비뚤이 진동(秦童)

준의(遵義) 도진(道眞)

입비뚤이 진동(秦童)

준의(遵義) 도진(道眞)

입비뚤이 진동(秦童)

준의(遵義) 도진(道眞)

입비뚤이 진동(秦童)
준의(遵義) 도진(道眞)

입비뚤이 진동(秦童)
준의(遵義) 도진(道眞)

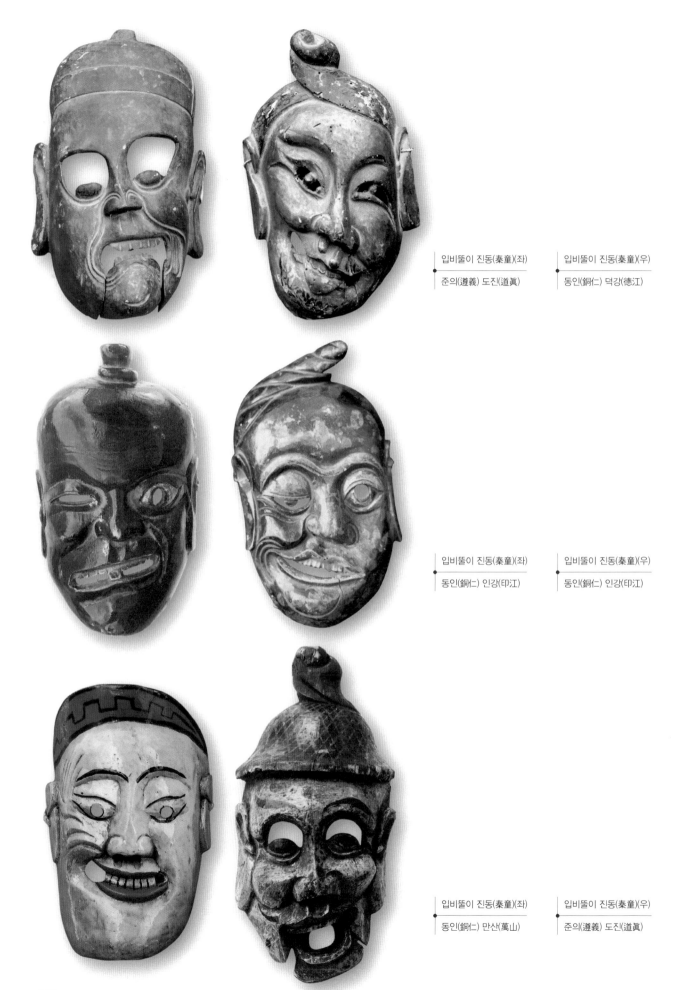

입비뚤이 진동(秦童)(좌)　　입비뚤이 진동(秦童)(우)

준의(遵義) 도진(道眞)　　동인(銅仁) 덕강(德江)

입비뚤이 진동(秦童)(좌)　　입비뚤이 진동(秦童)(우)

동인(銅仁) 인강(印江)　　동인(銅仁) 인강(印江)

입비뚤이 진동(秦童)(좌)　　입비뚤이 진동(秦童)(우)

동인(銅仁) 만산(萬山)　　준의(遵義) 도진(道眞)

입비뚤이 진동(秦童)
동인(銅仁) 연하(沿河)

입비뚤이 진동(秦童)
동인(銅仁) 사남(思南)

입비뚤이 진동(秦童)
동인(銅仁) 사남(思南)

입비뚤이 진동(秦童)
동인(銅仁) 인강(印江)

입비뚤이 진동(秦童)

동인(銅仁) 사남(思南)

입비뚤이 진동(秦童)

동인(銅仁) 연하(沿河)

입비뚤이 진동(秦童)

준의(遵義) 도진(道眞)

진동낭자(秦童娘子)

진동낭자(秦童娘子)
동인(銅仁) 연하(沿河)

진동낭자(秦童娘子)
동인(銅仁) 연하(沿河)

진동낭재(秦童娘子)

동인(銅仁) 덕강(德江)

진동낭재(秦童娘子)

동인(銅仁) 사남(思南)

진동낭재(秦童娘子)

동인(銅仁) 연하(沿河)

진동낭재(秦童娘子)

동인(銅仁) 연하(沿河)

진동낭자(秦童娘子)

동인(銅仁) 연하(沿河)

진동낭자(秦童娘子)

검남(黔南) 여파(荔波)

진동낭자(秦童娘子)

동인(銅仁) 사남(思南)

진동낭자(秦童娘子)

준의(遵義) 정안(正安)

진동낭자(秦童娘子)

동인(銅仁) 연하(沿河)

진동낭자(秦童娘子)

동인(銅仁) 연하(沿河)

진동낭자(秦童娘子)

동인(銅仁) 연하(沿河)

진동낭자(秦童娘子)

동인(銅仁) 동인(銅仁)

진동낭자(秦童娘子)

동인(銅仁) 연하(沿河)

감생팔랑(甘生八郎)

감생팔랑(甘生八郎)
동인(銅仁) 송도(松桃)

감생팔랑(甘生八郎)
동인(銅仁) 만산(萬山)

감생팔랑(甘生八郞)
동인(銅仁) 연하(沿河)

감생팔랑(甘生八郎)

동인(銅仁) 덕강(德江)

감생팔랑(甘生八郎)

동인(銅仁) 송도(松桃)

감생팔랑(甘生八郎)

동인(銅仁) 덕강(德江)

감생팔랑(甘生八郎)

동인(銅仁) 덕강(德江)

감생팔랑(甘生八郎)

동인(銅仁) 덕강(德江)

감생팔랑(甘生八郎)

동인(銅仁) 덕강(德江)

감생팔랑(甘生八郞)
동인(銅仁) 덕강(德江)

감생팔랑(甘生八郞)
준의(遵義) 미담(湄潭)

감생팔랑(甘生八郞)

준의(遵義) 도진(道眞)

연로구(攆路狗)

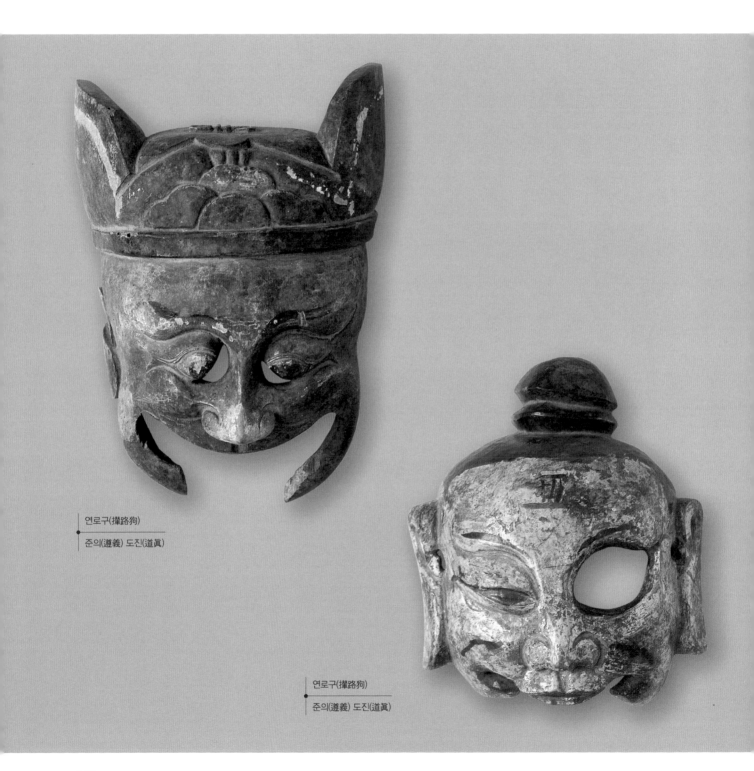

연로구(攆路狗)

준의(遵義) 도진(道眞)

연로구(攆路狗)

준의(遵義) 도진(道眞)

연로구(撑路狗)

준의(遵義) 도진(道眞)

토지(土地)

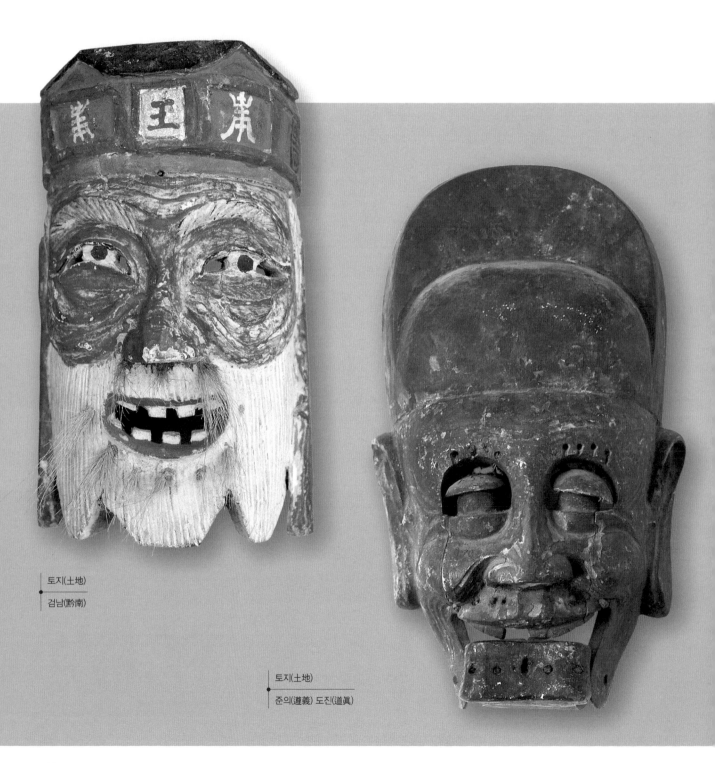

토지(土地)
검남(黔南)

토지(土地)
준의(遵義) 도진(道眞)

토지(土地)

준의(遵義) 도진(道眞)

토지(土地)

준의(遵義) 도진(道眞)

토지(土地)

동인(銅仁) 사남(思南)

토지(土地)

동인(銅仁) 덕강(德江)

토지(土地)

준의(遵義) 도진(道眞)

토지(土地)

준의(遵義) 도진(道眞)

토지(土地)
동인(銅仁) 송도(松桃)

토지(土地)
동인(銅仁) 송도(松桃)

토지(土地)
동인(銅仁) 덕강(德江)

토지(土地)

준의(遵義) 도진(道眞)

토지(土地)(좌)

동인(銅仁) 덕강(德江)

토지(土地)(우)

동인(銅仁) 연하(沿河)

토지(土地)(좌)

동인(銅仁) 덕강(德江)

토지(土地)(우)

동인(銅仁) 연하(沿河)

토지(土地)(좌)

검서남(黔西南) 흥의(興義)

토지(土地)(우)

동인(銅仁) 강구(江口)

토지(土地)

동인(銅仁) 덕강(德江)

토지(土地)

준의(遵義) 미담(湄潭)

토지(土地)

동인(銅仁) 연하(沿河)

토지(土地)

동인(銅仁) 동인(銅仁)

토지(土地)

동인(銅仁) 사남(思南)

토지(土地)

준의(遵義) 무천(務川)

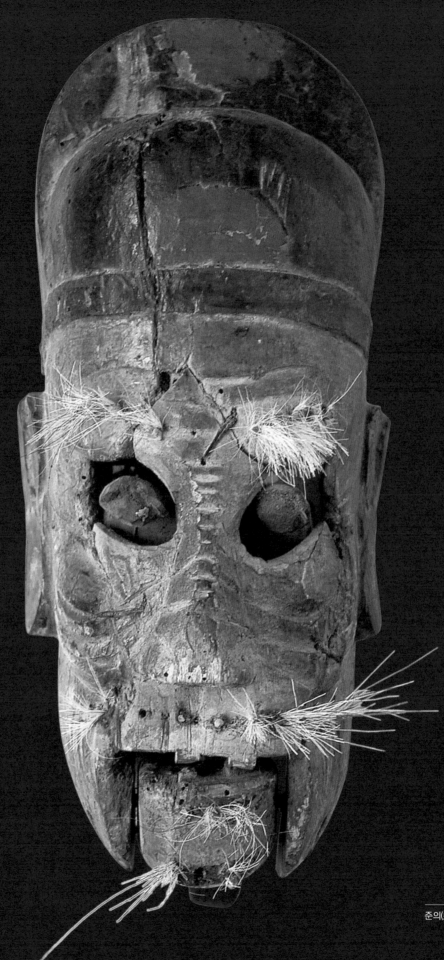

토지(土地)

준의(遵義) 도진(道眞)

당씨태파(唐氏太婆)

당씨태파(唐氏太婆)

준의(遵義) 도진(道眞)

당씨태파(唐氏太婆)

준의(遵義) 도진(道眞)

당씨태파(唐氏太婆)

준의(遵義) 도진(道眞)

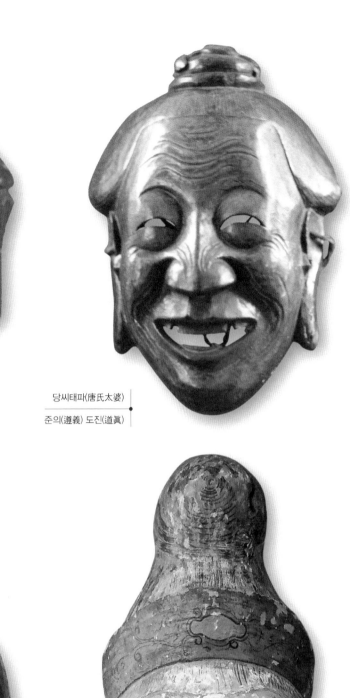

당씨태파(唐氏太婆)
동인(銅仁) 덕강(德江)

당씨태파(唐氏太婆)
준의(遵義) 도진(道眞)

당씨태파(唐氏太婆)
동인(銅仁) 연하(沿河)

당씨태파(唐氏太婆)
동인(銅仁) 연하(沿河)

당씨태파(唐氏太婆)

동인(銅仁) 덕강(德江)

당씨태파(唐氏太婆)

준의(遵義) 도진(道眞)

당씨태파(唐氏太婆)

준의(遵義) 도진(道眞)

당씨태파(唐氏太婆)

동인(銅仁) 덕강(德江)

당씨태파(唐氏太婆)

준의(遵義) 도진(道眞)

• 163 •

화상(和尙)

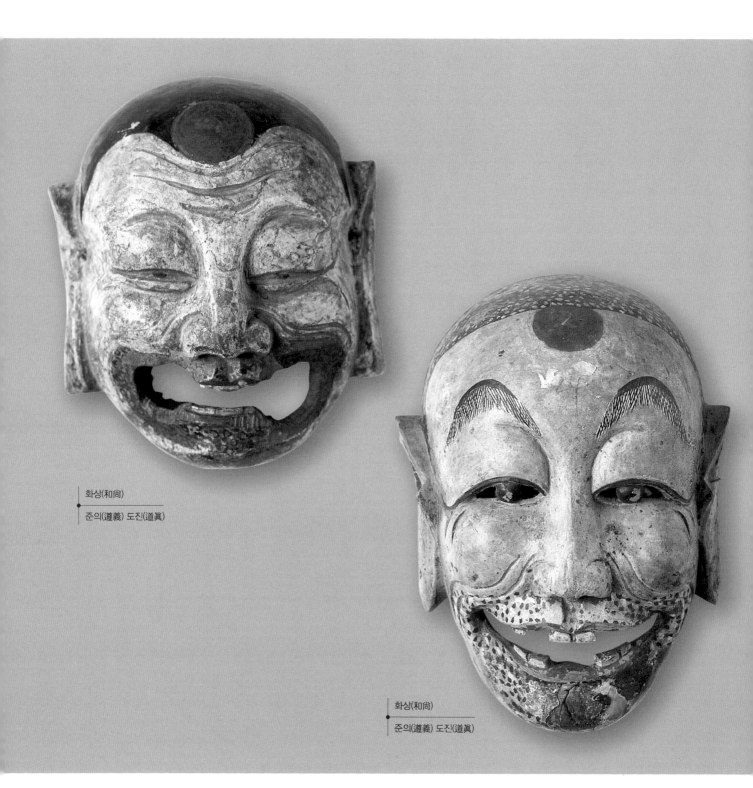

화상(和尙)

준의(遵義) 도진(道眞)

화상(和尙)

준의(遵義) 도진(道眞)

화상(和尚)(좌)

화상(和尚)(우)

동인(銅仁) 덕강(德江)

준의(遵義) 도진(道眞)

화상(和尚)(좌)

화상(和尚)(우)

동인(銅仁) 덕강(德江)

동인(銅仁) 덕강(德江)

화상(和尚)(좌)

화상(和尚)(우)

동인(銅仁) 덕강(德江)

준의(遵義) 도진(道眞)

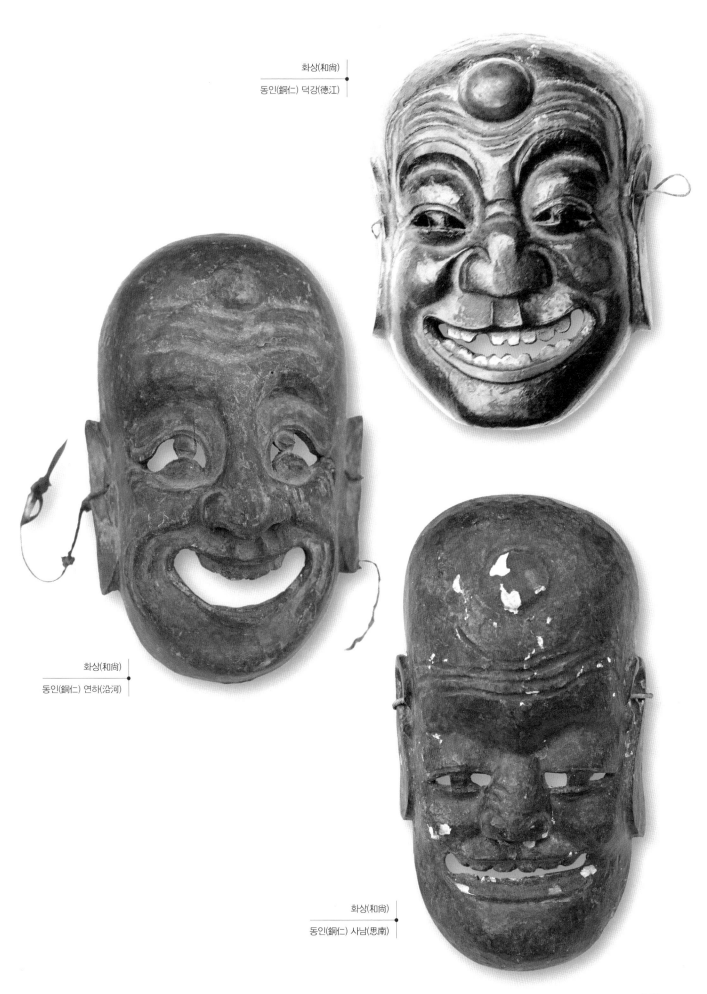

화상(和尙)
동인(銅仁) 덕강(德江)

화상(和尙)
동인(銅仁) 연하(沿河)

화상(和尙)
동인(銅仁) 사남(思南)

화상(和尙)

준의(遵義) 도진(道眞)

화상(和尙)

준의(遵義) 도진(道眞)

화상(和尙)

준의(遵義) 도진(道眞)

화상(和尙)

준의(遵義) 미담(湄潭)

화상(和尙)

동인(銅仁) 덕강(德江)

화상(和尚)

동인(銅仁) 덕강(德江)

화상(和尚)

동인(銅仁) 덕강(德江)

화상(和尚)

동인(銅仁) 송도(松桃)

화상(和尚)

동인(銅仁) 연하(沿河)

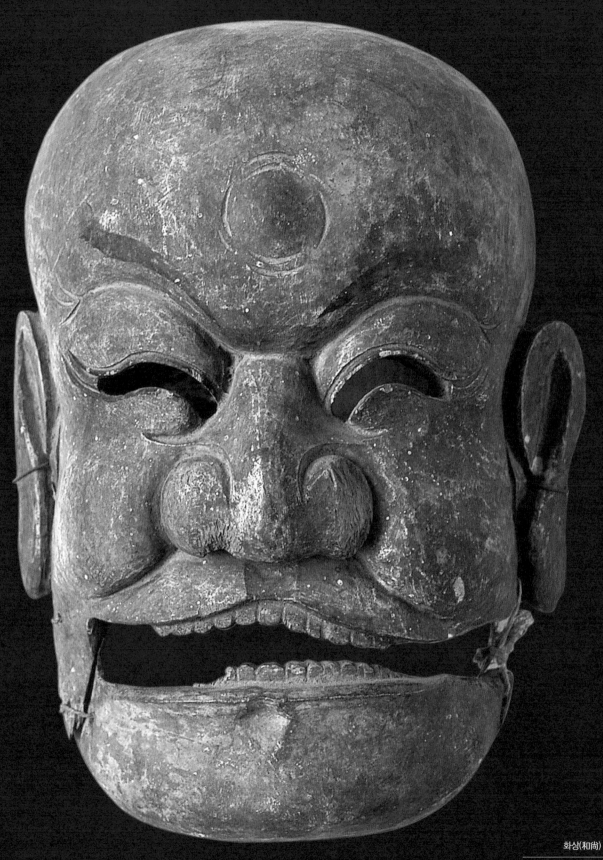

도사(道士)

도사(道士)
준의(遵義) 무천(務川)

도사(道士)
동인(銅仁) 덕강(德江)

도사(道士)
동인(銅仁) 덕강(德江)

도사(道士)
동인(銅仁) 덕강(德江)

지반(地盤)

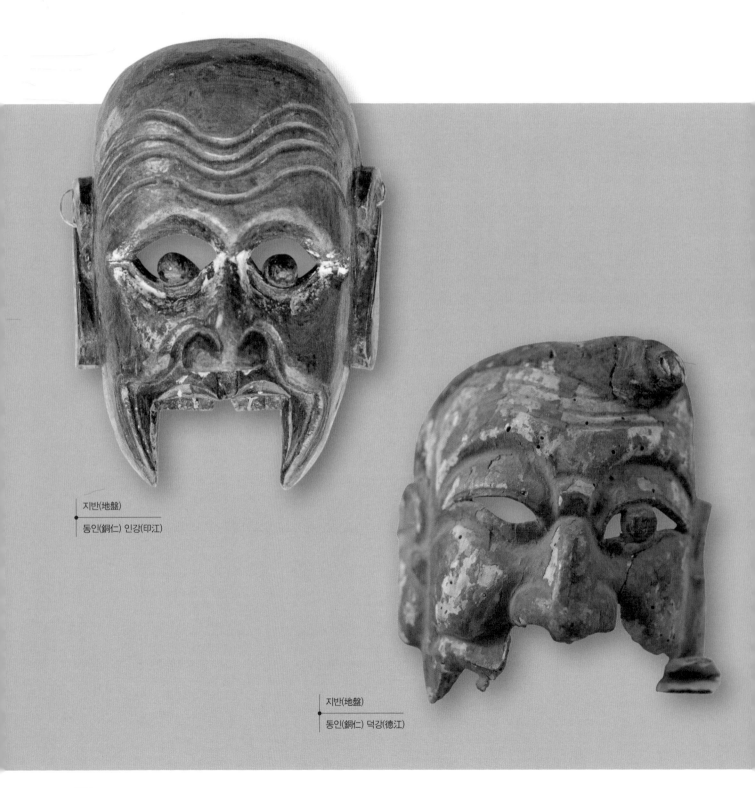

지반(地盤)

동인(銅仁) 인강(印江)

지반(地盤)

동인(銅仁) 덕강(德江)

지반(地盤)
동인(銅仁) 사남(思南)

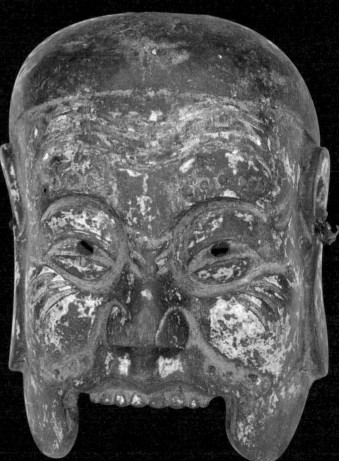

지반(地盤)
동인(銅仁) 사남(思南)

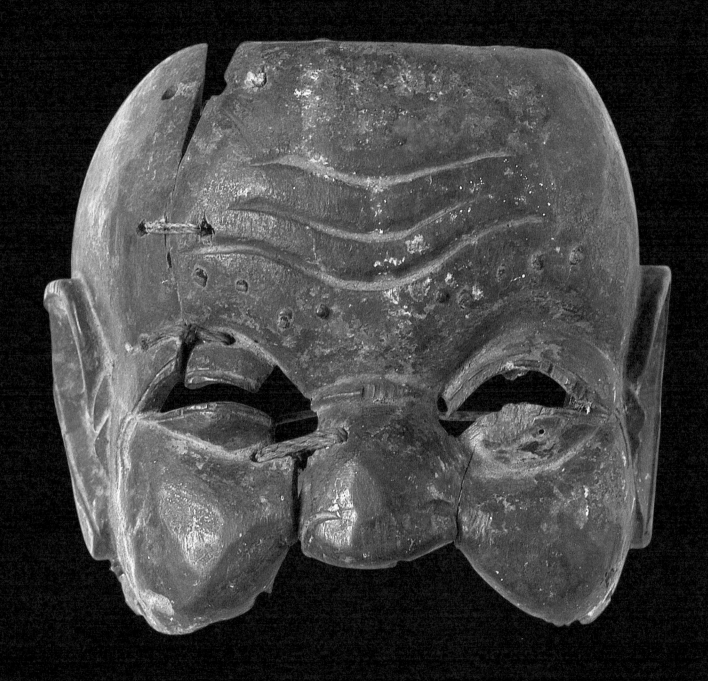

한조장군(漢朝將軍)

한조장군(漢朝將軍)
준의(遵義) 도진(道眞)

한조장군(漢朝將軍)
준의(遵義) 도진(道眞)

한조장군(漢朝將軍)
준의(遵義) 도진(道眞)

한조장군(漢朝將軍)
준의(遵義) 도진(道眞)

한조장군(漢朝將軍)
준의(遵義) 도진(道眞)

한조장군(漢朝將軍)
준의(遵義) 도진(道眞)

한조장군(漢朝將軍)
준의(遵義) 도진(道眞)

한조장군(漢朝將軍)

준의(遵義) 도진(道眞)

왕령관(王靈官)

왕령관(王靈官)

동인(銅仁) 덕강(德江)

왕령관(王靈官)

동인(銅仁) 덕강(德江)

왕령관(王靈官)
준의(遵義) 무천(務川)

왕령관(王靈官)

준의(遵義) 도진(道眞)

왕령관(王靈官)

준의(遵義) 무천(務川)

왕령관(王靈官)

검남(黔南) 복천(福泉)

왕령관(王靈官)

동인(銅仁) 덕강(德江)

왕령관(王靈官)

동인(銅仁) 동인(銅仁)

구부판관(勾簿判官)

구부판관(句簿判官)

준의(遵義) 도진(道眞)

구부판관(句簿判官)

준의(遵義) 도진(道眞)

구부판관(句簿判官)
준의(遵義) 도진(道眞)

구부판관(句簿判官)

준의(遵義) 도진(道眞)

구부판관(句簿判官)

준의(遵義) 도진(道眞)

구부판관(句簿判官)(좌)
동인(銅仁) 인강(印江)

구부판관(句簿判官)(우)
동인(銅仁) 연하(沿河)

구부판관(句簿判官)(좌)
동인(銅仁) 사남(思南)

구부판관(句簿判官)(우)
동인(銅仁) 덕강(德江)

구부판관(句簿判官)(좌)
동인(銅仁) 덕강(德江)

구부판관(句簿判官)(우)
검남(黔南) 여파(荔波)

구부판관(句簿判官)

동인(銅仁) 강구(江口)

구부판관(勾簿判官)

동인(銅仁) 덕강(德江)

구부판관(句簿判官)

동인(銅仁) 연하(沿河)

구부판관(句簿判官)

준의(遵義) 도진(道眞)

구부판관(句簿判官)

준의(遵義) 도진(道眞)

구부판관(句簿判官)

준의(遵義) 도진(道眞)

구부판관(句簿判官)

동인(銅仁) 덕강(德江)

구부판관(句簿判官)

동인(銅仁) 덕강(德江)

구부판관(句簿判官)

동인(銅仁) 덕강(德江)

구부판관(句簿判官)

동인(銅仁) 덕강(德江)

구부판관(句簿判官)

동인(銅仁) 덕강(德江)

구부판관(句簿判官)

검동남(黔東南) 잠공(岑鞏)

구부판관(句簿判官)

동인(銅仁) 연하(沿河)

구부판관(句簿判官)

동인(銅仁) 덕강(德江)

구부판관(句簿判官)

준의(遵義) 도진(道眞)

관우(關羽)

관우(關羽)
동인(銅仁) 덕강(德江)

관우(關羽)
동인(銅仁) 덕강(德江)

관우(關羽)
준의(遵義) 정안(正安)

관우(關羽)

동인(銅仁) 덕강(德江)

주창(周倉)

주창(周倉)

동인(銅仁) 덕강(德江)

주창(周倉)

동인(銅仁) 연하(沿河)

주창(周倉)

동인(銅仁) 연하(沿河)

주창(周倉)

동인(銅仁) 덕강(德江)

유의(柳毅)

유의(柳毅)

동인(銅仁) 덕강(德江)

유의(柳毅)

동인(銅仁) 덕강(德江)

유의(柳毅)

동인(銅仁) 덕강(德江)

소귀(小鬼)

소귀(小鬼)

준의(遵義) 미담(湄潭)

소귀(小鬼)

준의(遵義) 도진(道眞)

소귀(小鬼)

동인(銅仁) 덕강(德江)

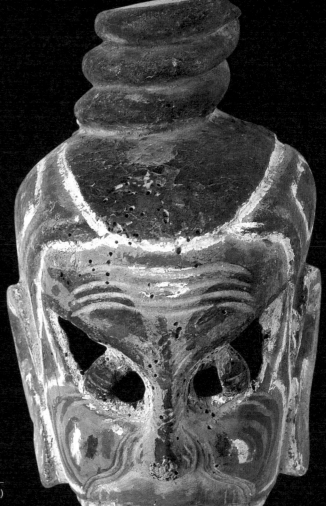

소귀(小鬼)

준의(遵義) 도진(道眞)

기 타 배 역

진씨태파(陳氏太婆)

동인(銅仁) 연하(沿河)

동영(董永)

동인(銅仁) 사남(思南)

첨각장군(尖角將軍)

동인(銅仁) 덕강(德江)

보부삼랑(報府三郎)

동인(銅仁) 연하(沿河)

종규(鐘馗)

동인(銅仁) 동인(銅仁)

보희삼랑(報戱三郎)

동인(銅仁) 인강(印江)

천주(川主)

준의(遵義) 도진(道眞)

약왕(藥王)

준의(遵義) 도진(道眞)

보부삼랑(報府三郞)
동인(銅仁) 덕강(德江)

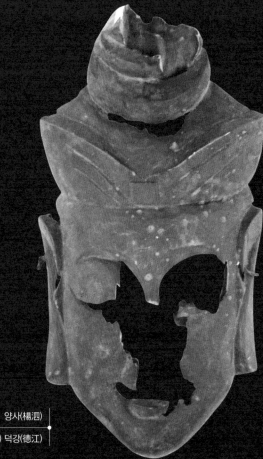

양사(楊泗)
동인(銅仁) 덕강(德江)

요아식부(幺兒媳婦)
동인(銅仁) 연하(沿河)

유고(劉高)
동인(銅仁) 사남(思南)

토주(土主)

준의(遵義) 도진(道眞)

재동제군(梓潼帝君)

준의(遵義) 도진(道眞)

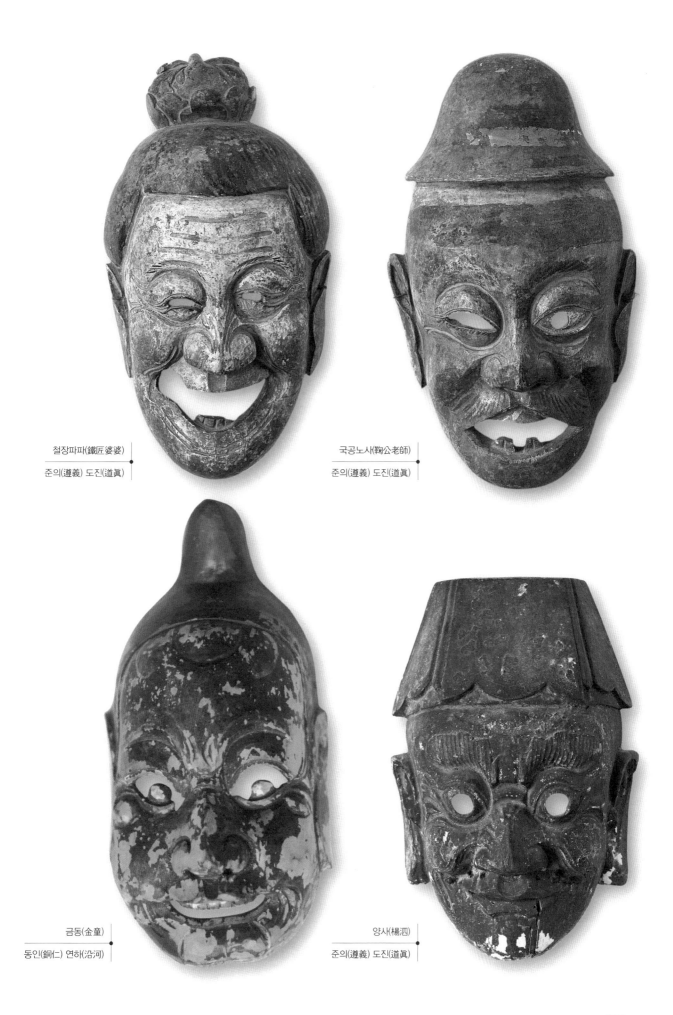

철장파파(鐵匠婆婆)

준의(遵義) 도진(道眞)

국공노사(鞠公老師)

준의(遵義) 도진(道眞)

금동(金童)

동인(銅仁) 연하(沿河)

양사(楊泗)

준의(遵義) 도진(道眞)

소로용군(燒路龍君)(좌) 이성도관(里城都官)(우)

동인(銅仁) 사남(思南) 준의(遵義) 도진(道眞)

용공(龍公)(좌) 이룡규화(李龍叫化)(우)

동인(銅仁) 사남(思南) 동인(銅仁) 덕강(德江)

매향(梅香)(좌) 계각신(鷄脚神)(우)

동인(銅仁) 덕강(德江) 동인(銅仁) 덕강(德江)

왕파(王婆)

동인(銅仁) 사남(思南)

강사(姜師)

동인(銅仁) 사남(思南)

진씨(陳氏)

동인(銅仁) 사남(思南)

암주(庵主)

동인(銅仁) 사남(思南)

맹강녀(孟姜女)

동인(銅仁) 덕강(德江)

오창(五猖)

준의(遵義) 무천(務川)

후왕(猴王)

검남(黔南)

몽관(蒙官)

검남(黔南)

종규(鍾馗)

준의(遵義) 미담(湄潭)

포공(包公)

준의(遵義) 미담(湄潭)

막대(莫大)

검남(黔南)

지주(地主)

검남(黔南)

삼광(三光)

검남(黔南)

사서(沙書)

검남(黔南)

공조(功曹)

검남(黔南)

마원수(馬元帥)

검남(黔南)

생탁(生托)

검남(黔南)

삼계(三界)

평당(平塘)

구관(歐官)
검남(黔南)

성모파파(聖母婆婆)
검남(黔南)

태자(太子)
검남(黔南)

오낭(吳娘)
검남(黔南)

태자천관(太子天官)
검남(黔南) 여파(荔波)

삼원(三元)

검남(黔南) 여파(荔波)

매화임로(妹花林勞)

검남(黔南) 여파(荔波)

문관(文官)

검남(黔南) 여파(荔波)

노구(老嫗)

검남(黔南) 여파(荔波)

삼계(三界)

검남(黔南) 여파(荔波)

시서(猜徐)

검남(黔南) 여파(荔波)

매화임내(妹花林奶)

검남(黔南) 여파(荔波)

공조(功曹)

검남(黔南) 여파(荔波)

목우동자(牧牛童子)

준의(遵義) 도진(道眞)

이씨낭낭(李氏娘娘)

동인(銅仁) 덕강(德江)

초두대왕(草頭大王)

동인(銅仁) 덕강(德江)

맹강녀(孟姜女)

동인(銅仁) 덕강(德江)

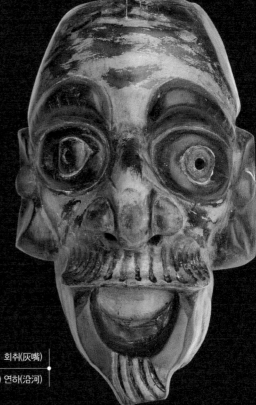

회취(灰嘴)

동인(銅仁) 연하(沿河)

채양대장(蔡陽大將)

동인(銅仁) 덕강(德江)

감생팔랑(監生八郎)

필절(畢節) 직금(織金)

당이(唐二)

준의(遵義) 미담(湄潭)

아환(丫環)

검남(黔南) 여파(荔波)

만기량(萬杞良)

동인(銅仁) 덕강(德江)

후왕(猴王)

검남(黔南) 복천(福泉)

첨각장군(尖角將軍)

동인(銅仁) 연하(沿河)

양씨(楊氏)

동인(銅仁) 덕강(德江)

포공(包公)

동인(銅仁) 덕강(德江)

양사(楊泗)

동인(銅仁) 연하(沿河)

칠선녀(七仙女)

동인(銅仁) 덕강(德江)

강사(姜師)

동인(銅仁) 연하(沿河)

동인(銅仁) 연하(沿河)

안안(安安)

검남(黔南) 평당(平塘)

왕보천(王寶釧)

동인(銅仁) 덕강(德江)

장호자백백(長胡子伯伯)

동인(銅仁) 덕강(德江)

국공노사(鞠公老師)

동인(銅仁) 덕강(德江)

소씨선모(蘇氏仙母)

동인(銅仁) 덕강(德江)

소씨선모(蘇氏仙母)

동인(銅仁) 연하(沿河)

최홍대왕(崔洪大王)

동인(銅仁) 덕강(德江)

요아식부(幺兒媳婦)

동인(銅仁) 덕강(德江)

주씨랑(朱氏娘)
동인(銅仁) 인강(印江)

태화선사(太和先師)
동인(銅仁) 덕강(德江)

아환(丫環)
동인(銅仁) 덕강(德江)

이룡규화(李龍叫化)
동인(銅仁) 연하(沿河)

지 희 가 면

무장(武將)

여포(呂布)
안순(安順)

초정귀(焦廷貴)
안순(安順)

안순(安順)

농지고(儂志高)

안순(安順)

명칭 미상

안순(安順)

양배풍(楊排風)

안순(安順)

한원수(韓元壽)

안순(安順)

금탄자(金彈子)

안순(安順)

양업(楊業)

안순(安順)

양연소(楊延昭)

안순(安順)

초찬(焦贊)

안순(安順)

반인미(潘仁美)

안순(安順)

군사달마(軍師達摩)

안순(安順)

진숙보(秦叔寶)

안순(安順)

위지공(尉遲恭)

안순(安順)

관평(關平)

안순(安順)

우고(牛皐)

안순(安順)

관우(關羽)

안순(安順)

초찬(焦贊)

안순(安順)

적룡(狄龍)

안순(安順)

양육랑(楊六郎)

귀양(貴陽) 청진(淸鎭)

양사랑(楊四郎)

안순(安順)

양문광(楊文廣)

안순(安順)

맹량(孟良)

안순(安順)

번장(番將)

안순(安順)

이원패(李元覇)

안순(安順)

웅활해(熊闊海)

안순(安順)

초천좌(肖天佐)

안순(安順)

초천우(肖天佑)

안순(安順)

송제(宋齊)

안순(安順)

김올술(金兀術)

안순(安順)

초천경(肖天慶)

안순(安順)

왕귀(王貴)

안순(安順)

문태사(聞太師)

안순(安順)

정교금(程咬金)

안순(安順)

장포(張苞)

안순(安順)

설강(薛剛)

안순(安順)

이원패(李元覇)

안순(安順)

맹량(孟良)

안순(安順)

양칠랑(楊七郎)

안순(安順)

나성(羅成)

안순(安順)

위지공(尉遲恭)

안순(安順)

단웅신(單雄信)

안순(安順)

제갈량(諸葛亮)

안순(安順)

한금호(韓擒虎)
안순(安順)

나성(羅成)
안순(安順)

풍림(風林)

안순(安順)

양임(楊任)

안순(安順)

두월호(寶月虎)

안순(安順)

정교금(程咬金)

안순(安順)

구준(寇准)
안순(安順)

두건덕(竇建德)

안순(安順)

왕불초(王不超)

안순(安順)

김올술(金兀術)

안순(安順)

진숙보(秦叔寶)

안순(安順)

마삼보(馬三寶)

안순(安順)

원천강(袁天罡)

안순(安順)

위지보경(尉遲寶慶)

안순(安順)

양림(楊林)

안순(安順)

주문(周文)

안순(安順)

명칭 미상

안순(安順)

우고(牛皐)

안순(安順)

점덕률(粘德律)

안순(安順)

맹량(孟良)

안순(安順)

팔현왕(八賢王)
안순(安順)

이원패(李元覇)

안순(安順)

제갈량(諸葛亮)

안순(安順)

나성(羅成)

안순(安順)

단웅신(單雄信)

안순(安順)

명칭 미상

안순(安順)

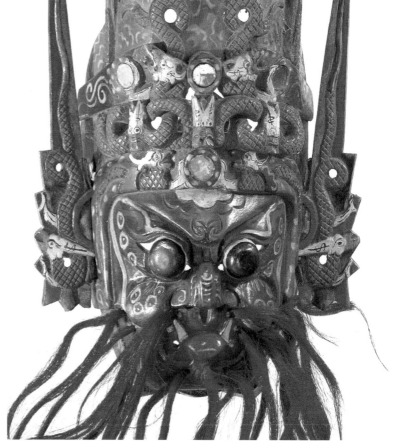

서황(徐晃)

안순(安順)

초찬(焦贊)

안순(安順)

진숙보(秦叔寶)

안순(安順)

복장(福將)

안순(安順)

사태군(佘太君)

안순(安順)

맹량(孟良)

안순(安順)

악비(岳飛)

안순(安順)

관우(關羽)

안순(安順)

이세민(李世民)

안순(安順)

목계영(穆桂英)

안순(安順)

● 설인귀(薛仁貴)
● 안순(安順)

● 이세민(李世民)
● 안순(安順)

● 진숙보(秦叔寶)
● 안순(安順)

● 장금정(張金定)
● 안순(安順)

여장(女將)

안순(安順)

진금정(陳金定)

안순(安順)

명칭 미상

안순(安順)

양삼랑(楊三郎)

안순(安順)

황충(黃忠)

안순(安順)

장개(張蓋)
안순(安順)

오국태(吳國太)
안순(安順)

양종보(楊宗保) •
안순(安順) •

대금환(大金環)

안순(安順)

노숙(魯肅)

안순(安順)

공선(孔宣)

안순(安順)

정철평(程鐵平)

안순(安順)

도인(道人)

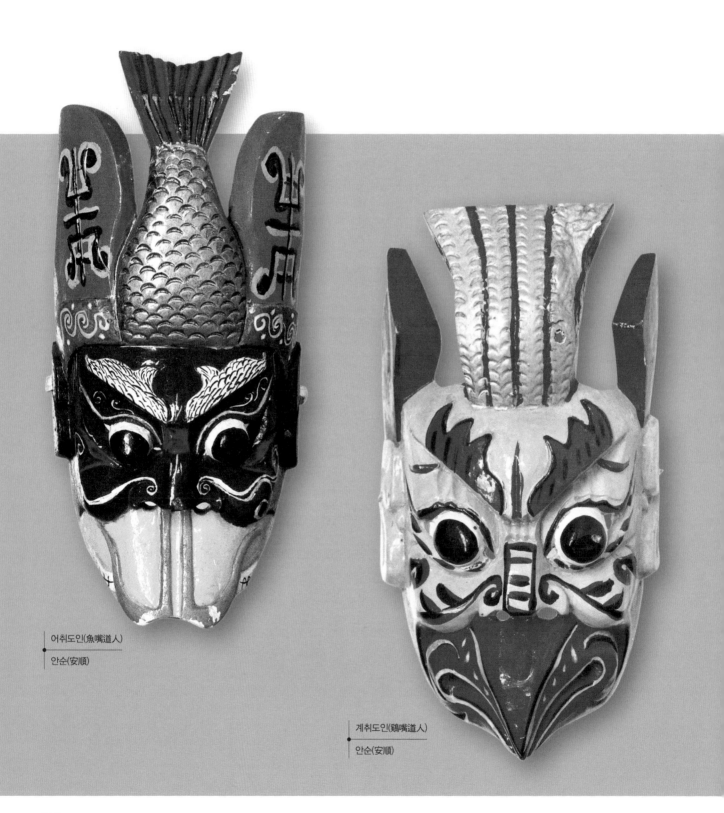

어취도인(魚嘴道人)

안순(安順)

계취도인(鷄嘴道人)

안순(安順)

태백금성(太白金星)

안순(安順)

계취도인(鷄嘴道人)

안순(安順)

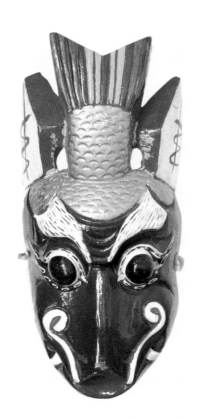

어취도인(魚嘴道人)

안순(安順)

어취도인(魚嘴道人)

안순(安順)

철판도인(鐵板道人)

안순(安順)

어취도인(魚嘴道人)

안순(安順)

어취도인(魚嘴道人)

안순(安順)

어취도인(魚嘴道人)

안순(安順)

나우도인(羅友道人)

안순(安順)

계취도인(鷄嘴道人)

안순(安順)

꼭두각시

아편각(鴉片殼)

안순(安順)

노왜(老歪)

안순(安順)

옥리(沃利)

안순(安順)

아편각(鴉片殻)

안순(安順)

소귀(小鬼)

안순(安順)

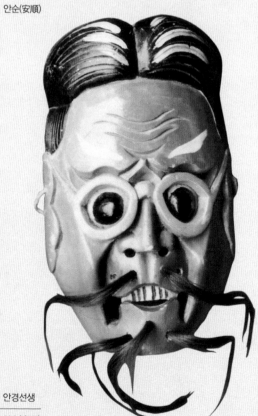

안경선생

안순(安順)

동물

호리표(呼雷豹)

안순(安順)

현월용구(現月龍駒)

안순(安順)

호뢰표(呼雷豹)

안순(安順)

청우(靑牛)

안순(安順)

청사(青獅)

안순(安順)

청사(青獅)

안순(安順)

천구(天狗)

안순(安順)

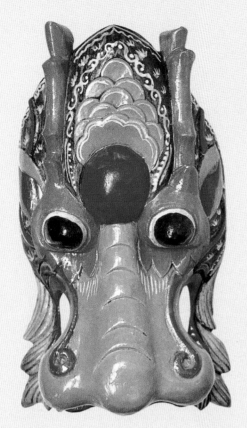

금룡(金龍)

안순(安順)

청우(靑牛)

안순(安順)

돼지

안순(安順)

호랑이

안순(安順)

개산표(開山豹)

안순(安順)

세속 인물

소군(小軍)

안순(安順)

번소군(番小軍)

안순(安順)

마화상(麻和尙)

안순(安順)

적태군(狄太君)

안순(安順)

소군(小軍)

안순(安順)

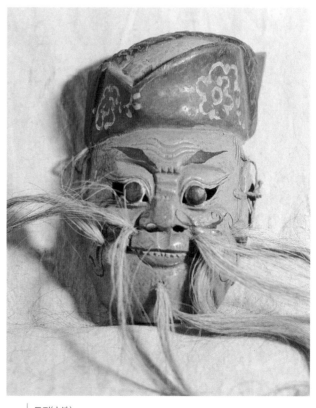

토지(土地)

안순(安順)

안순(安順) 서수구(西秀區)
용궁진(龍宮鎭)
채관촌(蔡官村) 가면

일각룡(一角龍)
설인귀(薛仁貴) 양범(楊凡) 계취도인(鷄嘴道人)
아환(丫環) 장금정(張金定) 장수도선(長壽道仙)

안순(安順)

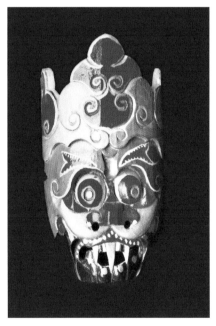

진금정(陳金定)　　보마(寶馬)　　부인(夫人)
소군(小軍)　　왕세충(王世充)　　오구(烏龜)
양임(楊任)　　개국원(開國元)

안순(安順)

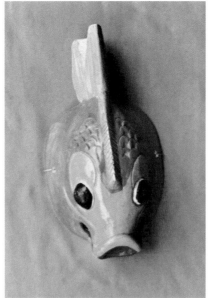

어취도인(魚嘴道人)　이어(鯉魚)　　호뢰표(呼雷豹)
청호(靑虎)　　손오공(孫悟空)　철판선사(鐵板禪師)
당삼장(唐三藏)　　팔계(八戒)

안순(安順)

번노장(樊老將)　명칭 미상　번호(樊虎)
청사(靑獅)　화상(和尙)　이사통(李事通)
금갑신(金甲神)　명칭 미상

안순(安順)

설정산(薛丁山)	주암(朱岩)	소정령(蘇定令)
물소	번리화(樊梨花)	토지(土地)
황소	도군(淘君)	

● 안순(安順)

화숙뢰(花叔賴)	말	막하사제(莫河沙帝)
차관(差官)	번군(番軍)	유부인(柳夫人)
부상(扶桑)	번소군(番小軍)	

안순(安順)

안순(安順) 서수구(西秀區) 황랍향(黃臘鄉) 나롱촌(羅隴村) 가면

동자(童子)　　수당(隨當)　　마채비(馬寨飛)
　　　　　　　　　　　호경덕부인(胡敬德夫人)
입비돌이　반문군(反門軍)　나태부인(羅太夫人)

안순(安順)

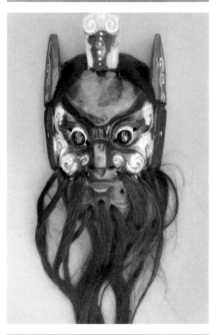

노소(老笑)	북왕(北王)	고청보(高淸寶)
반변(反邊)	소왜(小歪)	토지공(土地公)
표범	말	

안순(安順)

장금정(張金定)　악중위(岳仲威)　장개(張蓋)
호정덕(胡靜德)　　악승(岳勝)　초의(焦義)
양충정(楊忠定)　맹회원(孟懷元)

안순(安順)

안순(安順) 보정현(普定縣) 백암진(白岩鎭) 위기촌(魏旗村) 가면

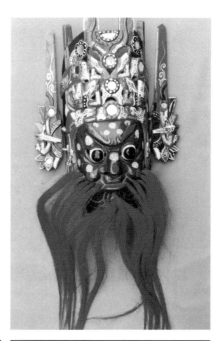

배문경(裴文慶)	소군(小軍)	마숙모(麻叔謀)
흑여룡(黑如龍)	소병(小兵)	사영법(謝映法)
		진숙보(秦叔寶)

안순(安順)

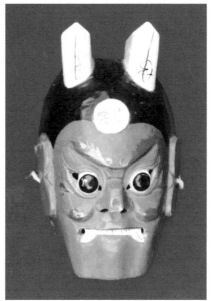

• 311 •

안순(安順) 서수구(西秀區) 두포촌(頭鋪村) 만자채(灣子寨) 가면

위지보경(尉遲寶瓊)
번부인(樊夫人)　호랑이　위지보련(尉遲寶蓮)
왕막초(王幕超)　명칭 미상　이경선(李慶先)

안순(安順)

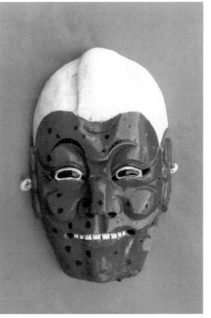

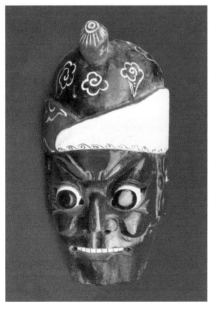

명칭 미상   마화상(麻和尙)   토지공(土地公)
반소금(反小金)   유부인(柳夫人)   설역공(薛易公)
참문장(參門將)   설인귀(薛仁貴)

안순(安順)

안순(安順) 자운현(紫雲縣) 묘영향(猫營鄕) 가면

여포(呂布)　채양(蔡陽)　관우(關羽)
조운(趙雲)　마두(馬頭)　장비(張飛)
　　　　　　　　　　 공명(孔明)

안순(安順)

안량(顔良)　　　주창(周倉)　　　장파(莊婆)
동탁(董卓)　　　장각(張角)　　　보정(普靜)
소월량(小月亮)　태백금성(太白金星)

안순(安順)

• 315 •

안순(安順) 서수구(西秀區) 황랍향(黃臘鄉) 육보촌(六保村) 가면

도육공주(屠陸公主)	오호(五虎)	화상(和尙)
숙림(淑林)	이지(李志)	매씨(梅氏)
		토지(土地)

안순(安順)

안순(安順) 어수구(西秀區) 황랍향(黃臘鄉) 장채촌(長寨村) 가면

조운(趙雲)	명칭 미상	노소(老笑)
반장(潘章)	공명(孔明)	소반(小反)
		원기(袁奇)

안순(安順)

후기

『중국귀주민족민간미술전집(中國貴州民族民間美術全集)』은 제목을 선정할 때부터 귀주 신문출판국과 각계각층 인사들의 지지를 받았다. 비록 오래되지는 않았지만, 아직까지 출판이 중단된 적은 없다. 근래 사회 전체에 대두된 무형 문화유산을 중시하는 경향을 결코 경시해서는 안 된다. 6, 7년 동안 수많은 자료를 수집하고 정리하면서 어려움이 많았지만, 고군분투한 덕분에 지금 이렇게 독자들에게 이 책을 선보일 수 있게 되었다.

2006년 3월, 중앙인민정부는 웹사이트를 통해 제1차 국가 무형 문화유산 목록을 발표하였으며 그중 31개의 항목을 귀주의 문화유산이 차지하였다. 이 책에서는 그중 조형예술의 일부분을 반영하여 소개하였다. 이 책을 편집할 때를 회상해 보면, 당시에는 마치 귀주민족의 민간미술 세계를 한가로이 거니는 기분이 들 정도였다. 장정(張仃) 선생은 "이런 섬세한 아름다움은 어떠한 미의 척도를 갖다 대어도 트집을 잡을 수 없을 정도이다"라고 감탄하며 말했다. 하지만 우리는 귀주민족 민간미술에 대해 우려하는 마음이 생기게 되었다. 오늘날에는 개혁개방과 주류문화가 충돌하고 시장경제가 빠른 추세로 발전하고 있다. 이런 상황하에서 수많은 민간예술품이 국내외 수집가들과 기관에 의해 고가로 매입되고 있다. 심지어 외진 지역으로 간다고 해도 예술적 가치가 있는 우수한 공예품을 구하기가 어려울 정도이다. 민간공예 장인들은 점점 나이가 들어가고, 농촌의 젊은이들도 생활방식이 변해서 전통공예 기술이나 도식(圖式)의 계승이 사라져 가고 있다. 현재 민간공예품 시장은 이윤을 남기기에 급급해서, 조잡하고 상상력이라고는 조금도 없는 모조품을 만들어 낼 뿐이다. 현재 민간공예품을 전문적으로 수집하고 연구하는 부서는 소장품을 확충하고 완벽하게 갖출 만한 자금이 부족하다. 소장된 공예품들도 내실 깊숙한 곳에 감춰두고 전시하지 않아서, 대중들은 이것을 감상하고 연구할 방법이 없다. 민간공예품을 연구하는 연구원들조차도 나이가 들면서, 이것을 계승할 사람이 점차 사라져 가고 있다. 현재 민간예술을 즐기는 일부 젊은이들은 소량의 작품만을 감상할 수 있을 뿐, 곳곳에 분산된 수많은 작품을 볼 수 없어 민간공예품의 예술성에 대해 깊이 연구할 수가 없다.

우리는 『중국귀주민족민간미술전집』을 혼신의 힘을 다해 편집하면서, 이 전집이 반드시 완성되기를 바랐다.

이 도록(圖錄) 속에 가능한 한 많은 작품을 싣고자 노력했다. 또한, 지역성과 민족적 특색을 명확하게 잘 반영하였고, 작품의 원형과 순수 민간의 예술적 특징을 잘 나타내고 있다. 이 책에는 전통적이고 고전적인 공예기법을 더 많이 기록하였고, 예술적 가치가 있는 자료를 더 많이 보여주고 있다. 다만, 도록에 실을 수 있는 내용에 한계가 있어서 그것이 아쉬울 뿐이다. 하지만 우리는 이 도록을 통해 귀주민족 민간미술을 가장 완벽하게 구현해 내었다.

『중국귀주민족민간미술전집』의 성공적인 출판은 수년간 다방면을 통해 얻은 노력의 결실이라 할 수 있다. 이 지면을 통해 귀주성 미술협회, 귀주성 예술관, 귀주성 박물관과 개인 수집가분들의 도움에 감사의 뜻을 표하고자 한다. 또한, 중국 공예미술의 대선배이신 장정(張仃) 선생과 청화(淸華)대학 미술대학원 추문(鄒文) 박사에게도 감사의 마음을 전하고 싶다. 이뿐만 아니라, 귀주성과 관련된 인사이신 양장괴(楊長槐), 마정영(馬正榮), 증헌양(曾憲陽), 유옹(劉雍), 진화(陳華), 황정철(黃正藏), 당근산(唐根山), 이검빈(李劍賓), 이국경(李國慶), 오일방(鳴一芳), 이앙(李昻), 이옥휘(李玉琿), 증상훤(曾祥萱) 등 여러분들의 도움에도 깊이 감사를 드린다.

귀주성 신문출판국과 귀주출판그룹의 대표와 각 부서는 시종일관 이 책의 출판을 위해 정신적, 금전적으로 도움을 주었다. 이 책을 출판하면서 독자들과 함께 감사의 마음을 이곳에서 표한다.